réjugez legitimes en faveur du Decret d'Ale
VII et de la pratique des jef. de la Chine

Anciens memoires de la Chine touchant leur cult.

La morale de Confucius à Amsterdam

Lettre sur cette morale.

La Morale de Confucius
en huit Livres ...
morale ... Sieur
Fouchier, d'après ...
Chinois ... B. D.

R.

Par J. de La Brune
d'après Couplin.

32207-08

LA
MORALE
DE
CONFUCIUS
PHILOSOPHE
DE
LA CHINE.

A AMSTERDAM,

Chez PIERRE SAVOURET, dans
le Kalver-ftraat.

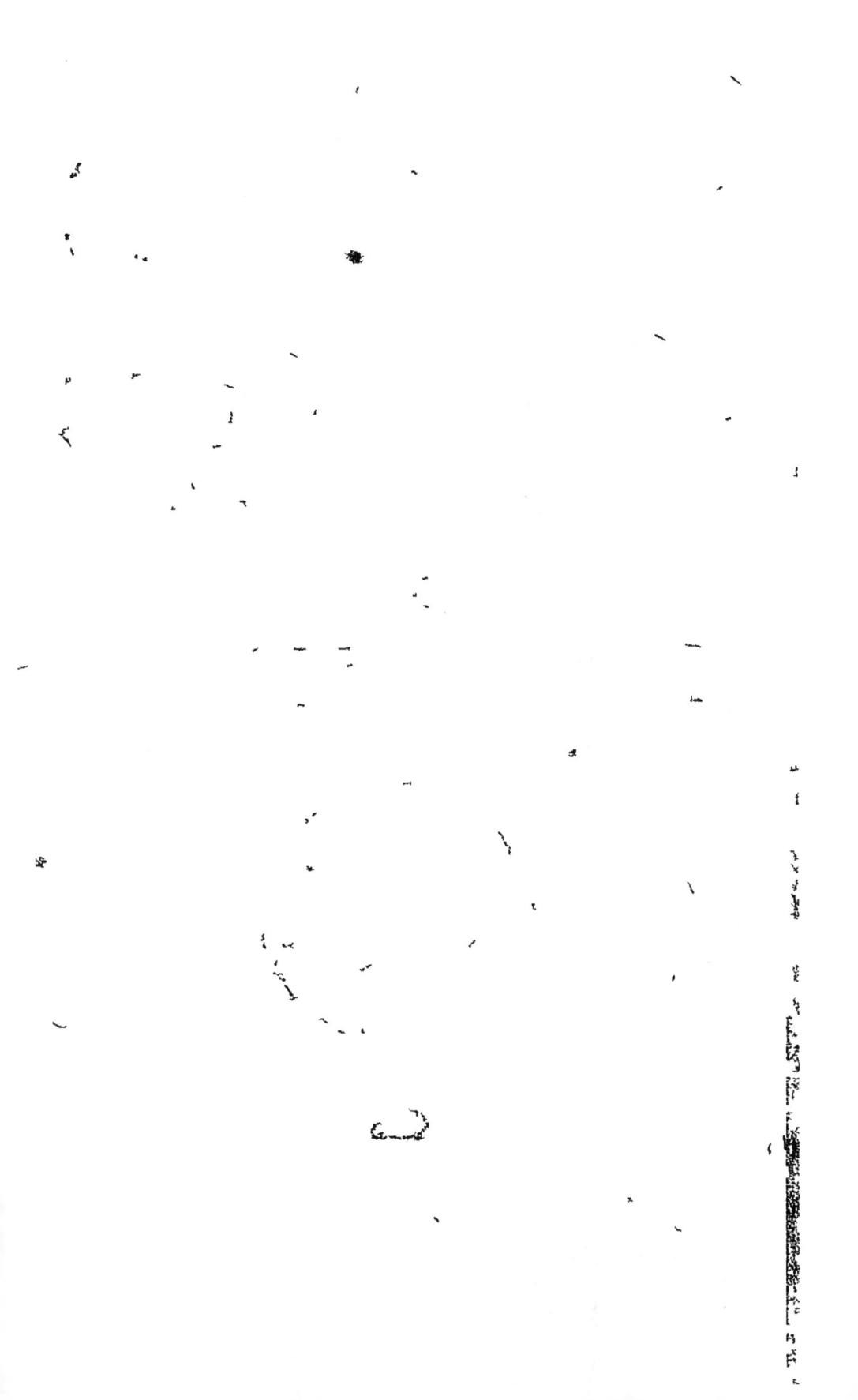

AVERTISSEMENT.

LOuvrage qu'on donne au public, & où est contenuë, en abregé, toute la Morale de Confucius Philosophe Chinois, est assez petit, si l'on regarde le nombre des pages qui le composent ; mais il est fort grand, sans doute, si l'on considere l'importance des choses qui y sont renfermées.

On peut dire que la Morale de ce Philosophe est infiniment sublime, mais qu'elle est en même tems simple, sensible & puisée dans les plus pures sources de la raison naturelle. Assurement, jamais la raison destituée des lumieres de la revélation divine n'a paru si developée, ni avec tant de force. Comme il n'y a aucun devoir dont Confucius ne parle, il n'y en a au-

cun qu'il outre. Il pouſſe bien
ſa morale ; mais il ne la pouſſe
pas plus loin qu'il ne faut : ſon
jugement lui faiſant connoitre
toûjours juſqu'où il faut aller,
& où il faut s'arrêter.

En quoi il a un avantage tres-
conſiderable , non ſeulement ſur
un grand nombre d'Ecrivains du
Paganiſme , qui ont traité de
ſemblables matiéres , mais auſſi
ſur pluſieurs Auteurs Chrétiens ,
qui ont tant de penſées fauſſes,
ou trop ſubtiles ; qui outrent les
devoirs preſque par tout ; qui
s'abandonnent à la fougue de
leur imagination , ou à leur mau-
vaiſe humeur ; qui s'éloignent
preſque toûjours de ce juſte milieu où la vertu doit être pla-
cée ; qui la rendent, par les faux
portraits qu'ils en font , impoſſible à pratiquer, & qui par conſequent ne rendent pas bèau-

coup de gens vertueux.

L'Auteur de *la maniere de bien penser dans les Ouvrages d'esprit*, qui joint toûjours à un stile extrêmement éxact & poli , un discernement exquis , remarque fort bien qu'il y a du faux & du foible dans ces paroles d'un Ecrivain de ce tems ; ,, Chacun tâ-
,, che d'occuper le plus de place
,, qu'il peut dans son imagina-
,, tion, & l'on ne se pousse & ne
,, s'agrandit dans le monde , que
,, pour augmenter l'idée que cha-
,, cun se forme de soi-même.
,, Voilà le but de tous les des-
,, seins ambitieux des hommes.
,, Alexandre & Cesar n'ont point
,, eû d'autre vûe dans toutes
,, leurs batailles, que celle-là.

En effet, Alexandre & Cesar, dans leurs batailles, peuvent n'avoir pas songé à leur image intérieure ; & quand même la penfée, dont il s'agit, feroit vraie en quelque rencontre, elle ne peut l'être dans l'étenduë qu'on lui donne. Il n'y a donc rien de fi mal penfé que ce que dit celui qui a compofé le premier traité des Eſſais de morale, & dont l'on vient de voir les paroles.

Ce que l'Auteur de ces Eſſais ajoute d'abord, & que celui qui a compofé les beaux Dialogues dont on vient de faire mention, n'a pas voulu prendre la peine de relever, eſt à peu prés de ce caractere ; c'eſt même quelque chofe de pis, on n'a qu'à y faire tant foit peu attention. ,, Je m'i-
,, magine, dit-il, que celui qui
,, s'eſt le premier apellé, *Haut &*
,, *Puiſſant Seigneur*, fe regardoit
,, comme élevé fur la tête de fes
,, vaſſaux, & que c'eſt ce qu'il a
,, voulu dire par cette épithete
,, de *haut*, fi peu convenable à

„la baſſeſſe des hommes.

Que ſignifie tout ceci ! Ou plutôt, comment oſe-t-on avancer, d'un air ſerieux & grave, des choſes de cette nature ? Qu'entend-on par ces paroles, *je m'imagine que celui qui s'eſt le premier appellé*, haut & puiſſant Seigneur, *ſe regardoit comme élevé ſur la tête de ſes vaſſaux* ? Ces paroles ne peuvent avoir que deux ſens ; l'un eſt le propre, l'autre le figuré. Le ſens propre eſt, que ce Seigneur s'imaginoit que ſes pieds étoient ſur la tête de ſes vaſſaux, qu'il marchoit ſur leur tête effectivement, ou plus haut encore, & que pour les voir & leur commander, il falloit qu'il regardât en bas. Le ſens figuré eſt que ce Seigneur ſe croioit élevé en autorité ſur ſes vaſſaux, & que ſon rang & ſon pouvoir étoient beaucoup plus confiderables que fe leur. Il eft vifible, qu'à moins que ce Seigneur n'eut perdu l'efprit, il ne pouvoit s'imaginer ce que le premier fens fignifie : & pour le fecond, qui eft le figuré, il eft tres-vrai ; ce Seigneur avoit raifon de *fi regarder comme élevé fur fes vaffaux*, il étoit en droit de prendre des tîtres qui marquaffent fon autorité & fa puiffance, & il ne faifoit que ce qu'ont fait, de tout tems, ceux que Dieu a établis pour commander aux autres. Dieu luimême, dans fes Ecritures, les appelle *Dieux*, qui eft bien plus que *Hauts & Puiffans Seigneurs*. Ainfi, ces autres paroles, *cet epithete de* haut *fi peu convenable à la baffeffe des hommes*, ne font pas plus fenfées que les précedentes.

Ces endroits, qu'on vient de

voir, ne font pas les feuls de ce caractere qui fe trouyent dans les Effais de morale. Il y en a une infinité d'autres femblables. Et, pour ne pas fortir du premier traité, en confcience ceux-ci font ils folides?

,, Quand les hommes y au,, roient fait de grands pro,, grez, (*l'Auteur parle de la Sci-,, ence des chofes*) ils ne s'en ,, devroient guere plus eftimer; ,, puis que ces connoiffances fte,, riles font fi peu capables de ,, leur apporter quelque fruit & ,, quelque contentement folide, ,, qu'on eft tout auffi heureux ,, en y renonçant d'abord, qu'en ,, les portant par de longs tra,, vaux, au plus haut point où ,, l'on puiffe les porter.

(a) *Chap. 7.*

,, Nous ne fommes capables
,, de connoître qu'un feul ob-
,, jet & une feule verité à la fois.
,, Le refte demeure enfeveli dans
,, nôtre memoire, comme s'il
,, n'y étoit point. Voilà donc
,, nôtre fcience réduite à un feul
,, objet.

,, Qui eft-ce qui n'eft pas con-
,, vaincu que c'eft une baffeffe
,, de fe croire digne d'eftime,
,, parce qu'on eft bien vêtu,
,, qu'on eft bien à cheval, qu'on
,, eft jufte à placer une balle,
,, qu'on marche de bonne grace?
Quoi! les fciences & les belles
découvertes ne rendent-elles
pas plus heureux, plus content, & plus honnête homme,
lors qu'on en fçait faire un bon
ufage? Ne fçait-on pas même
qu'il y a beaucoup de Theolo-

(a) *Chap.* 8. (b) *Ch.* 14.

giens, qui croient qu'une des
chofes qui feront la felicité des
Saints dans le Ciel, fera une
grande connoiffance d'une infinité de veritez qui nous font
inconnuës, ou peu connuës, fur
la Terre? eft-ce que parce que
nôtre efprit ne peut bien pen-
fer, tout à la fois, qu'à un feul
objet, il s'en fuit de là, que
tout le fçavoir d'un habile hôm-
me eft borné à ce feul objet,
qu'il ne fçait autre chofe; qu'on
peut dire d'un ton de Maître:
Voilà donc noftre fcience reduite à
un feul objet? Enfin, eft-ce une
baffeffe à un cavalier, à un homme de Cour, de croire qu'il fera
plus digne d'eftime, s'il fait bien
ce qui convient à fon rang, fi,
entre autres chofes, il eft vêtu
proprement, s'il eft bien à cheval, s'il marche de bonne grace?
Et ne feroit-il pas effectivement

digne de mépris, n'y auroit-il
pas de la baſſeſſe s'il avoit des
habillemens malpropres, s'il ne
prenoit nulle peine & nul ſoin
pour être bien à cheval, s'il ne
ſe piquoit d'aucune adreſſe, ou
s'il marchoit comme un Payſan.

On peut aſſurer, que dans cet
Abregé de la morale de Confucius, on ne trouvera rien de
ſemblable à ce qu'on vient de
voir. On verra ici des Eſſays de
morale, qui ſont des coups de
Maître. Tout y eſt ſolide; parce
que la droite raiſon, cette verité interieure, qui eſt dans l'ame
de tous les hommes, & que nôtre Philoſophe conſultoit ſans
ceſſe, ſans préjugé, conduiſoit
toutes ſes paroles. Auſſi les regles
qu'il donne, & les devoirs auſ-
quels il exhorte, ſont tels, qu'il
n'y a perſonne qui ne ſe ſente
d'abord porté à y donner ſon apro-

bation. Il n'y a rien de faux dans ses raisonnemens, rien d'extrême, nulle de ces subtilitez épouventables, qu'on voit dans les traittez de morale de la plûpart des Metaphificiens d'aujourdhuy (a) c'est à dire, dans les traitez où la simplicité, la clarté, l'evidence devroient regner par tout & se faire sentir aux esprits les plus grossiers.

On trouvera, peut-être, un peu relachée cette maxime, où Confucius dit qu'il y a certaines personnes qu'il est permis de haïr. Cependant si l'on considere la chose de prés, l'on reconnoîtra que la pensée est juste & raisonnable. En effet, la vertu veut que l'on fasse du bien à tous les hommes, comme Confucius le pose; mais elle n'exige pas que

(a) *Voiez le traité de morale de l'Auteur de la recherche de la Verité.*

nous aions effectivement de l'amitié pour toutes sortes de gens. Il y a certaines gens si haïssables, qu'il est absolument impossible de les aimer: car aprés tout, on ne peut aimer que le bien; on ne peut qu'avoir de l'aversion, pour ce qui paroît extrêmement mauvais & plein de défauts. Tout ce que la charité oblige de faire, en ces sortes de rencontres, c'est de rendre office à une personne, lorsqu'on le peut, comme si on l'aimoit, nonobstant les vices, la malice & les grands défauts qu'on remarque en elle.

Puisque l'occasion s'en presente, on remarquera, qu'ordinairement on outre le devoir de l'amour des ennemis, que Jesus-Christ recommande tant dans son Evangile. Ce devoir est assez difficile à remplir dans sa juste étenduë, sans qu'on le rende encore plus difficile, ou plutôt impoſſible à pratiquer, & capable de jetter dans le deſeſpoir, ou de faire tomber dans un entier relâchement. La plûpart de ceux qui expliquent ce devoir parlent comme ſi nous étions obligez d'avoir dans le cœur une amitié tendre pour tous nos ennemis, quelques méchans & abominables qu'ils ſoient. Ce n'eſt pourtant point cela preciſément que le Fils de Dieu demande de nous, parce qu'il ne demande point des choſes abſolument impoſſibles. Son but eſt de nous porter à agir envers tous nos ennemis, quels qu'ils ſoient, comme l'on fait envers ceux que l'on aime. En effet, l'Ecriture, en pluſieurs endroits, par *aimer* entend preciſément *faire du bien*, à peu prés comme l'on en fait à ceux pour qui l'on a beaucoup d'amitié. Si c'en étoit ici le lieu, nous pourrions verifier cela par plusieurs Passages. Nous nous contenterons seulement d'alleguer l'Exemple de Dieu lui-même, que nôtre Sauveur propose. Car aprés avoir dit, *Aimez vos ennemis; benissez ceux qui vous maudissent; faites du bien à ceux qui vous haïssent, & priez pour ceux qui vous courent sus, & qui vous persecutent* : (car ce sont tout autant de Sinonimes) il adjoûte ; *afin que vous soiez enfans de vostre Pere qui est aux Cieux: car il fait lever son soleil sur les méchans & sur les bons, & il envoie sa pluie sur les justes & sur les injustes.* Or, il est certain que Dieu n'aime point les méchans & les injustes, quoiqu'il leur fasse du bien : il a eu une extrême aversion, pour un Caligula, par exemple, pour un Neron, & pour d'aud'autres semblables monstres ; quoiqu'il ait fait lever son soleil sur eux , & qu'il leur aït envoié sa pluïe. Mais il a agi envers eux, comme s'il les aimoit : & c'est de la sorte que nous en devons user envers nos ennemis. Ce n'est pas que nous ne devions faire sincérement, tout ce qui est possible pour avoir même dans le cœur des sentimens d'amitié pour eux : mais il y a certaines gens si méchans, si déreglez, si abominables, pour qui il est impossible d'avoir ces sentimens. Et c'est pour cela que la charité est encore plus grande , plus genereuse, & plus digne de loüange , lors que , nonobstant cette aversion qu'on ne peut pas s'empêcher d'avoir pour certaines personnes, l'on ne laisse pas de leur faire du bien dans l'occasion , dans la veuë d'obe▪ à Dieu.

⁂

Au reste par tout ce que nous avons dit jusques ici, on peut juger combien le public est redevable aux P. P. Intorcetta & Couplet, Jesuites qui ont traduit, de Chinois en latin, les trois livres de Confucius, dont nous avons tiré cette piece de morale qu'on voit paroître. Nous avons choisi les choses les plus importantes, & en avons laissé plusieurs qui, quoique bonnes en elles mêmes, & conformes sur tout au genie des personnes pour qui elles ont été dites & écrites, auroient semblé, peut-être, trop vulgaires & de consideration dans nôtre Europe. Et comme dans l'Ouvrage des P. P. Intorcetta & Couplet, outre la morale de Confucius, il est parlé de l'Origine de la nation Chinoise, & des livres les plus anciens qu'ait cette nation, & qui ont paru, plusieurs siecles avant celui de Confucius, nous avons traduit, sur ce sujet, ce qui est le plus nécessaire de sçavoir.

Il est bon de dire ici, pour la satisfaction des Lecteurs, que les Chinois, depuis le commencement de leur origine jusques au tems de Confucius, n'ont point été Idolâtres, qu'ils n'ont eû ni faux Dieux, ni statuës, qu'ils n'ont adoré que le Créateur de l'Univers, qu'ils ont toûjours apellé *Xam-ti*, & auquel leur troisiéme Empereur, nommé *Hoam-ti*, bâtit un Temple, qui aparemment a été le premier qu'on ait bâti à Dieu. Le nom de *Xam-ti*, qu'ils donnoient à Dieu, signifie, *souverain Maitre*, ou *Empereur*. On remarque qu'il y a bien eû des Empereurs de la Chine, qui ont pris assez souvent le surnom de *Ti*, qui veut dire

Maître, *Empereur*, ou celui de *Vam*, qui signifie Roy ; qu'il y a eû même un Prince de la quatriéme race qui s'est fait apeller *Xi hoam-ti*, *le Grand*, ou *l'Auguste Empereur* ; mais qu'il ne s'en est trouvé aucun qui ait ofé prendre le titre de *Xam*, c'est à dire de *Souverain*, & qu'on l'a toûjours laissé par respect, à l'arbitre absolu de l'Univers.

Il est vrai qu'on a, en tout tems dans la Chine, offert des Sacrifices à divers Anges tutelaires : mais dans les tems qui ont précedé Confucius, c'étoit dans la vûë de les honorer infiniment moins que *Xam-ti*, que le Souverain Maître du monde.

Les Chinois fervoient Dieu avec beaucoup de magnificence, mais en même tems avec un exterieur fort modeste & fort humble ; & ils difoient qué tout ce culte exterieur n'étoit nullement agréable à la Divinité , fi l'ame n'étoit intérieurement ornée de pieté & de vertu. Ils honoroient fort leurs Peres & leurs Meres, & les perfonnes avancées en âge. Les femmes étoient fort vertueufes ; & l'on remarquoit une grande modeftie dans leurs habits & dans toutes leurs manieres. Les hommes & les femmes , les Grands & les petits , les Rois & les Sujets , aimoient fort la fobrieté , la frugalité , la modération, la juftice , la vertu.

La Religion & la pieté des Chinois demeurerent à peu prés en cet état jufques au tems du Philofophe *Li Lao Kiun*, qui fut contemporain de Confucius, & qui enfeigna le premier qu'il y avoit plufieurs Dieux. Confucius arrêta le torrent de la fuperftition & de l'idolâtrie , qui commençoit à faire du ravage. Mais enfin lorsqu'on eut apporté des Indes l'Idole de *Foe* , c'est-à-dire soixante-cinq ans aprés Jesus-Christ , ce torrent se déborda si fort , qu'il fit un ravage , dont les tristes effors se voient encore aujourd'hui.

Il auroit été à souhaiter qu'il se fut élevé de tems en tems des Confucius : les choses n'en seroient pas au point où elles sont dans la Chine. Ce grand homme instruisoit aussi bien par ses mœurs & par son exemple que par ses préceptes : & ses préceptes étoient si justes , si nécessaires & proposez avec tant de gravité , & en même tems avec tant d'adresse qu'ils ne pouvoient que s'insinuer aisément dans les cœurs , & y produire de grands effets. On n'a qu'à lire ce petit Traité pour en être entiérement convaincu.

AVERTISSEMENT.

LE Libraire a trouvé bon pour la commodité du Public, de joindre à cette Lettre la Morale de Confucius, nouvellement imprimée à Amsterdam. Il est facile de juger que ces deux Pieces ne font pas de la même main, & que leurs Auteurs ne se font point consultez entr'eux : de sorte que s'ils se font rencontrez en quelque trait, ce n'est que par hazard. Le Livre de Confucius contient tant de belles choses, qu'il en est comme d'un Jardin où chacun peut cueillir des fleurs à son gré. Et si on s'avisoit de disputer pour sçavoir si la Rose vaut mieux que l'Oeillet, on seroit peut-estre assez embarassé à décider cette question. On ne doit pas demander d'une Lettre tout ce que l'on pour-

roit attendre d'un Livre ; & l'on
ne doit pas attendre d'un Livre la
précision & la brièveté que l'on pourroit demander a une Lettre. Au
reste, il seroit à souhaiter que l'on
pût réunir ici les Extraits que l'on
a fait de ce Philosophe, dans tous
les Journaux de l'Europe, la lecture
n'en seroit pas ingrate, & l'on y
trouveroit assez de diversitez pour
ne point s'ennuier.

LA MORALE

LA MORALE

D'E

CONFUCIUS,

Philosophe Chinois.

PREMIERE PARTIE.

De l'Antiquité & de la Philosophie des Chinois.

Uoique dans ce petit Ouvrage nous n'aions deffein que de rapporter ce qu'il y a de plus confiderable dans les livres de Confucius , nous fommes pourtant obligez de parler de quelques Livres qui ont paru dans la Chine avant ce Philofophe. Mais comme nous ne fçaurions le faire fans prendre la chofe d'un peu haut , nous dirons un mot de l'Origine & de l'ancienneté des Chinois.

Ceux qui ont écrit les Annales de la Chine , demeurent presque 'tons d'accord que *Fohi* qui commença à régner 2952. ans avant la naissance de Jesus-Christ , a été le fondateur de cette Monarchie. Les Chinois qui ont interpreté ces Annales, ne font pas difficulté d'avoüer que tout ce qui est dit de la Chine , avant le régne de cet Empereur, est fabuleux & suspect de mensonge ; & l'un de leurs plus cele- bres Historiens , appellé *Taisucum,* avoüe même qu'il ignore tout ce qui s'est passé avant le régne de *Xinnum,* qui a été le Successeur de *Fohi.* Il n'y a que certaines Annales que les Chi- nois appellent *les grandes Annales* , où on lit la chose autrement. L'Auteur de cette prodigieuse Chronique, qui con- tiént presque cent cinquante volumes, rapporte qu'aprés la Création du Mon- de , il y eut trois Empereurs ; l'un du Ciel, l'autre de la terre, & le troisiéme des hommes : que les Descendans de ce dernier se succederent les uns aux autres pendant plus de quarante-neuf mille ans : aprés quoi trente-cinq fa- milles Impériales régnérent sans inter-

ruption durant plufieurs fiecles. Cet
Auteur ajoûte pourtant, qu'il ne ga-
rantit pas ce qu'il dit, & convient enfin
que le plus fûr eft de commencer par
Fohi, & de fuivre en cela les Hiftoriens
les plus celebres.

Ce n'eft pas que dans la vie de *Fohi*
on n'ait inferé une infinité de fables
qui pourroient faire douter d'abord fi
cet Empereur a jamais été. Car outre
qu'on lit dans *les grandes Annales,*
que la mere de *Fohi* aiant mis les piés
par hazard dans un endroit où un Geant
avoit paffé, elle fut tout à coup envi-
ronnée d'un Arc-en-Ciel, & que ce
fut dans ce moment-là qu'elle fe
trouva enceinte du fondateur de la
Monarchie Chinoife. On y voit encore que ce Fondateur avoit la tête
d'un homme, & le corps d'un ferpent.
Il eft vrai que comme ces fables font
groffieres, la plûpart des Chinois s'en
moquent. Ils difent que ce qui a donné
lieu à cette tradition ridicule, a été
la couleur du corps de *Fohi*, qui étoit
marqué de plufieurs taches; ou plutôt,
que ç'a été un Hieroglife, par lequel
on avoit voulu reprefenter que ce

Prince avoit été un Prince d'une prudence extraordinaire. Mais quand
nous n'aurions pas cet aveu, la Gé-
néalogie de ce Roi eſt ſi exacte, ſi cir-
conſtanciée, & ſi bien ſuivie dans les
Tables Chronologiques des Chinois,
qu'il n'eſt pas poſſible de s'imaginer
que ce ne ſoit là qu'un jeu d'eſprit :
ſi bien qu'il y auroit auſſi peu de raiſon
de nier, ou de douter même que *Fohi*
ait jamais été, que de ſoûtenir que
Saturne, Jupiter, Hercule & Romulus
ne ſont que des noms, ſous ombre
que les Poëtes & même les Hiſtoriens
les plus graves, ont mêlé l'hiſtoire de
leur naiſſance de mille fables imperti-
nentes.

Cependant ces mêmes Annales qui
content tant de fables à l'occaſion de
la naiſſance de *Fohi*, ne diſent rien de
ſes Prédeceſſeurs, & ne parlent que
fort imparfaitement de ſa Patrie ; ce
qui fait ſoupçonner d'abord qu'il n'é-
toit pas né dans la Chine, & qu'il y
étoit venu d'ailleurs. Elles marquent
ſeulement qu'il nâquit dans une Province appellée *Kenſi*, où effectivement
il devoit neceſſairement aborder, ſup-

posé qu'il soit venu d'ailleurs dans la Chine : Car aprés la confusion des Langues, & la dispersion des peuples, dût venir du côté de la Mesopotamie, ou du territoire de Sennaar, aborder à *Kensi*, & parvenir ensuite au cœur du païs, sçavoir dans la Province de *Honan*, où l'on trouve écrit qu'il établit sa Cour.

Quoiqu'on ne puisse pas sçavoir précisément en quel tems *Fohi* jetta les premiers fondemens de son Empire, il y a pourtant beaucoup d'apparence que ce ne fut pas long-tems aprés le Déluge. Car en effet, si l'on suit même à la rigueur les supputations des Chinois, & la Chronologie des 70. ce ne fut qu'environ 200. ans aprés, dans un tems auquel Noé vivoit encore. De sorte que nous croirions volontiers qu'il est descendu de ce Patriarche par Sem, qui, selon le sentiment de tout le monde, eut l'Asie pour son partage. Et ce qui acheve de nous confirmer dans nôtre pensée, c'est que dans la langue des Chinois, *Sem*, qui signifie engendrer & produire, signifie aussi la vie & une victime. En effet,

c'eſt des enfans de Noé que tous les
hommes, aprés le Déluge, ſont deſcen-
dus, ont reçû la vie, & ont apris à
offrir des victimes à la Divinité. A
quoi l'on peut ajoûter que *Fohi* eſt
apellé par les Chinois *Paohi*, qui ſignifie auſſi une victime ; parce que ce fut
le premier des deſcendans de *Sem* qui
introduiſit parmi eux le ſervice de Dieu
& l'uſage des Sacrifices.

Que ſi l'on ne veut pas s'en tenir
aux ſuputations dont nous venons de
parler, retranchons, ſi l'on veut, les
ſix premiers Empereurs, dont l'hiſtoire
pourroit n'être pas vraie en tout, &
commençons à conter ſeulement depuis le ſeptiéme, ſçavoir depuis l'Empereur *Yao*. Car depuis le régne de
cet Empereur, tant de gens ont conté
& écrit par Cycles tout ce qui s'eſt
paſſé dans ce Roiaume, & ils l'ont fait
avec tant d'exactitude, & une ſi générale uniformité, qu'on ne peut non
plus douter de l'exactitude de leur
calcul, que de celle des Olympiades
des Grecs. Or on trouvera encore,
ſelon cette ſuputation, que l'origine
de la nation Chinoiſe n'eſt pas fort

éloignée du Déluge ; car depuis le
tems d *Yao* , jufqu'à l'année de ce fiécle
1668. il y a quatre mille quarante-huit
ans.

Cela étant ainfi , il faut néceffaire-
ment que ceux qui ont commencé à
habiter la Chine euffent encore la connoiffance du vrai Dieu , & de la Création du Monde : Car l'idée du vrai
Dieu , & le fouvenir de la Création du
Monde ont fubfifté long-tems aprés le
Déluge , dans l'éfprit des hommes ,
même de ceux qui s'étoient le plus
corrompus ; comme les Defcendans de
Cham , par exemple. En effet , outre
qu'il eft parlé de la Création du Monde
dans les Annales des Chinois , quoique d'une maniére différente de l'hiftoire qu'en fait Moïfe , il n'étoit pas
poffible que ces idées du vrai Dieu,
que la Création du Monde , & enfuite
le Déluge , ne pouvoient qu'avoir gravées profondement dans leurs cœurs,
euffent été tout d'un coup effacées de
telle forte, qu'ils fuffent tombez dans
l'idolatrie , & euffent fervi d'autres
Dieux que celui qui les avoit créez.
Mais pour être mieux perfuadez de

tout ce que nous venons de dire, il n'y a qu'à confidérer la doctrine, les fentimens & les mœurs des anciens Chinois, les livres de leurs Philofophes, & fur tout ceux de Confucius ; certainement on y verra par tout la plus belle Morale qui ait été jamais enfeignée, une Morale qu'on duoit être fortie de l'Ecole de Jefus-Chrift.

Les livres que les anciens Chinois ont écrit, font en fort grand nombre: mais les principaux font ceux qu'on apelle *U Kim*, c'eft à dire les cinq volumes ; & ceux qu'on nomme *Su Xu,* c'eft à dire les quatre livres.

Le premier & le principal des cinq volumes eft apellé *Xu Kin.* Il n'eft pas néceffaire de parler foit au long de l'ancienneté de cet Ouvrage, il fuffit de dire qu'en le lifant on reconnoît que celui qui en eft l'Auteur, a écrit long-tems avant Moïfe. On y voit d'abord l'hiftoire de trois grands Rois ; fçavoir d'*Yao,* de *Xun,* & d'*Yu,* le dernier defquels a été le premier & le Chef de la famille d'*Hia,* la plus confidérable de toutes les familles Impériales ; & les deux autres ont été de

célebres Légiſlateurs , & comme les
Solons de la Chine. On y trouve enſuite les Conſtitutions les plus importantes qui furent faites durant le Régne
de la ſeconde famille , ou de la Mai-
ſon Impériale, apellée *Xam* & *Yn*, ſur
tout par *Chimtam* qui en fut le fondateur, & qui parvint à l'Empire 1776.
ans avant la venuë de Jeſus-Chriſt.
Enfin on y parle de la troiſiéme famille , on y raporte principalement ce
qui a été dit , ou ce qui a été fait de
remarquable ſous le gouvernement des
cinq premiers Princes , & du douziéme.
On y voit l'hiſtoire de *Vuvam* , qui
fut le chef de cette troiſiéme famille,
& les veilles & les enſeignemens du
célebre *Cheucum* , frere de cet Empereur , qui fut un Prince diſtingué &
par ſa vertu & par une prudence extraordinaire. Tout ce volume , pour
le dire en un mot , n'eſt qu'une Relation hiſtorique, & qu'un tiſſu de maximes morales , de harangues prononcées
par des Princes , de ſentences ſorties
de la bouche des Rois , & de perſonnes particulieres , de préceptes & de
conſeils donnez à des Princes , où l'on

voit éclater par tout tant de prudence, tant de politique , tant de fageſſe & tant de Religion , qu'ils pourroient être donnez à tous les Princes Chré- tiens.

Le ſecond volume, qui eſt propre- ment un recit des mœurs & des Or- donnances de preſque douze Régnes, eſt apellé *Xi Kim.* C'eſt un Recueil d'Odes & de pluſieurs autres petits Poëmes de cette nature : Car comme la Muſique eſt ſort eſtimée & fort en uſage dans la Chine , & que tout ce qu'on dit dans ce Volume ne regarde que la pureté des mœurs , & la prati- que de la vertu , ceux qui le compo- ſerent le compoſerent en vers , afin que chacun pouvant chanter les choſes qui y ſont contenuës , elles fuſſent dans la bouche de tout le monde. La vertu y eſt loüée & exaltée au ſuprème degré, & il y a tant de choſes dites d'une maniere ſi grave & ſi ſage , qu'on ne ſe laſſe jamais de les admirer. Il eſt bien vrai qu'il y a des choſes ridi- cules , des hyperboles extravagantes en faveur de certains Princes , des murmures contre le Ciel & contre

Dieu : mais les plus judicieux Inter-
prétes croient que tout cela eſt ſuſpect ;
que ceux à qui on l'attribuë n'en ſont
pas les Auteurs ; qu'il n'y faut point
ajoûter foi ; que ce ſont, des choſes
qu'on y a ajoûtées. En effet ; diſent-
ils, les autres Odes anciennes n'ont
rien de ridicule , d'extravagant , de
criminel , ainſi qu'il paroît par ces
paroles de Confucius. *Toute la doctrine*
des trois cens Poëmes ſe réduit à ce
peu de paroles , Su vu Sie , qui ſigni-
fient , *qu'il ne faut penſer rien de mé-*
chant ou de ſale.

On apelle le troiſiéme Volume,
Ye Kim. Dans ce Volume , qui eſt le
plus ancien de tous , ſi toutefois il
peut être apellé un Volume , on ne
vois qu'obſcurité & que ténébres.
Fohi n'eut pas plutôt fondé ſon Empire , qu'il voulut donner des inſtructions aux Chinois : mais comme il
n'avoit pas l'uſage des caractéres & de
l'écriture , ce Prince qui ne pouvoit
pas les enſeigner tous de vive voix,
& qui d'ailleurs étoit occupé de l'a-
grandiſſement de ſa Monarchie naiſ-
ſante , aprés avoir rêvé long-tems ,

s'avifa enfin de faire une Table, compofée de quelques petites lignes, qu'il n'eft pas neceffaire de décrire. Comme les Chinois étoient encore groffiers & ruftiques, il y a grande aparence que ce Prince travailla en vain : & s'il eft vrai qu'il vint à fon but, par les explications claires & aifées qu'il donna lui-même pour l'intelligence de ces lignes, il arriva, au moins infenfiblement, que cette Table ne fut de nul ufage : Car il eft conftant qu'aprés fa mort perfonne ne s'en put fervir. Prés de deux mille ans s'étoient déja écoulez depuis la fondation de la Monarchie, fans qu'on eût pû déchifrer en aucune maniere cette Table myftérieufe; lors qu'on vit paroître enfin un Oedipe: ce fut un Prince apellé *Venvam.* Ce Prince tâcha de pénétrer le fens de ces lignes par un grand nombre d'autres lignes qu'il difpofa en différentes manieres ; ce furent de nouvelles énigmes. Son fils, fçavoir *Cheucum,* entreprit la même chofe, mais il n'eut pas le bonheur de mieux réüffir. Enfin cinq cens ans aprés s'éleva Confucius, qui voulut tâcher de délier le nœud.

Il expliqua , comme il l'entendit, les
petites lignes du Fondateur , & les in-
terpretations qu'on en avoit données
avant lui , & raporta tout à la nature
des Etres & des Elemens , aux mœurs
& à la discipline des hommes. Il est
vrai que Confucius étant parvenu à un
âge plus avancé , reconnut qu'il s'étoit
mépris , & il desiroit même faire de
nouveaux Commentaires sur cet Ouvrage énigmatique ; mais la mort l'em-
pêcha d'executer sa résolution.

Confucius a donné pour titre au
quatriéme Volume , *Chun Cieu* ; paroles qui signifient *le Printems & l'Automne*. Il le composa dans sa vieillesse.
Il y parle en Historien des expéditions
de divers Princes ; de leurs vices , de
leurs vertus , des peines qu'ils ont su-
bies , des récompenses qu'ils ont reçuës. Confucius a voulu que ce quatriéme Volume eût pour titre, *le Printems & l'Automne* , qui est un titre
emblematique ; parce que les Etats
sont florissans lors que les Princes sont
douiez de vertu & de sagesse ; ce qui
est representé par le *Printems*. Et
qu'au contraire , ils tombent comme

les feüilles , & fe détruifent entiérement , lois que les Princes ont peu
d'efprit, ou qu'ils font méchans ; ce qui
eft reprefenté par *l'Automne*.

Le cinquiéme Volume, dont le titre
eft *Li Ki*, comme qui diroit, *Mémoi-*
res des rites, *& des devoirs*, eft compofé de deux livres , dont Confucius
a tiré la matiére de plufieurs autres
livres , & de divers monumens de l'antiquité. Mais comme environ trois
cens ans aprés, toutes les copies de cet
Ouvrage furent brûlées par le com-
mandement d'un Empereur cruel,
apellé *Xihoamti*, & qu'on ne put réparer cette perte , qu'en confultant les
hommes les plus âgez qui en pouvoient avoir confervé quelques idées,
il ne faut pas douter que l'Ouvrage
ne foit prefentement fort défectueux,
ainfi que le reconnoiffent les Interpré-
tes ; qu'il n'y manque plufieurs chofes,
& qu'on n'y en ait ajoûté plufieurs autres qui n'étoient point dans les copies de Confucius. Quoi qu'il en foit,
dans tout ce Volume , tel qu'il eft aujourd'hui, il eft parlé des rites , tant
facrez que profanes ; de toutes fortes

de devoirs , tels qu'on les pratiquoit au tems des trois familles des Princes *Hia , Xam , Cheu ,* mais fur tout de celle qui régnoit du tems de Confucius. Ces devoirs font ceux des peres & des meres envers leurs enfans ; ceux des enfans envers leurs peres & leurs meres ; les devoirs du mari & de la femme , ceux des amis , ceux qui regardent l'hofpitalité ; ceux dont il faut s'acquiter , foit à la porte , ou dans la maifon , ou dans les feftins. On y parle encore des vaiffeaux des Sacrifices , des victimes que l'on doit offrir au Ciel , des Temples qu'il faut choifir pour cela , de la vénération que l'on doit avoir pour les morts , & de leurs funérailles. Enfin on y traite des Arts libéraux , fur tout de la Mufique , de l'Art militaire , de la maniere de lancer un dard , & de conduire un Chariot. Voilà en abregé ce que contiennent les ꞇinq Volumes.

Les quatre Livres , dont les trois premiers font les livres de Confucius, dont nous avons deffein de parler , contiennent toute la Philofophie des Chinois , au moins tout ce que cette

Philofophie a de plus délicat & de
plus confidérable. Ils expliquent &
mettent dans un plus beau jour ce qui
eft écrit dans les cinq Volumes : &
quoique l'autorité des cinq Volumes
foit infiniment plus grande , à caufe
de leur antiquité , que celle des quatre
Livres , les quatre Livres l'emportent
néanmoins , par l'utilité qu'on en re-
çoit. En effet , outre que les Chinois
en tirent leurs principaux Oracles, &
ce qu'ils croient être d'éternelles veritez , les *Lettrez* qui font des Philofophes qui fuivent la doctrine de Confucius , & qui ont entre leurs mains
tous les emplois de la Nation , ne
fçauroient parvenir au grade de Philofophe , & par confequent à être
Mandarins ou Magiftrats , fans une
grande connoiffance de ces quatre Livres. Ils font bien obligez, à la verité,
de fçavoir l'un des cinq Volumes , lequel même ils peuvent choifir , felon
leur inclination : mais pour les quatre
Livres , ils font indifpenfablement
obligez de les fçavoir tous quatre par
cœur , & de les entendre bien : En
voici les principales raifons. La premiere

miete eft que Confucius, & Memcius, qui a écrit le quatriéme Livre, ont re- cueilli ce qu'il y a de meilleur & de plus exquis dans les ouvrages des An- ciens. La feconde eft qu'ils ont ajoûté plufieurs bonnes chofes aux découver- tes & aux penfées de leurs Ancêtres. La troifiéme, que Confucius & Mem- cius propofent leur doctrine d'une ma- niére plus nette & plus claire qu'on n'avoit fait auparavant. Enfin c'eft parce que Confucius & Memcius ont évité dans les quatre Livres, le ftyle dur & groffier des Anciens, & que par un ftyle poli, quoique fans fard & fans fafte, ils ont ajoûté des orne- mens à la fimplicité toute nuë de l'âge d'or.

Nous n'avons rien à dire du qua- triéme Livre, parce que cet ouvrage de Memcius n'a pas encore paru en Europe : mais avant que de parler de ceux de Confucius, il eft neceffaire de faire connoitre le merite de ce Philo- fophe, & ce qui s'eft paffé de plus re- marquable dans fa vie.

Confucius nâquit 551. an avant la venuë de JESUS-CHRIST. Il étoit

B

d'une extraction tres-noble : car fans parler de fa mere, qui étoit d'une naiffance illuftre, fon pere qui avoit été élevé aux premieres charges de l'Empire, étoit défcendu du dernier Empereur de la feconde famille.

Comme les difpofitions à la vertu paroiffent quelquefois dans les premieres années, Confucius à l'âge de fix ans; n'avoit rien d'enfant : toutes fes manieres étoient les manieres d'un homme meur.

Dés l'âge de quinze ans il s'attacha à la lecture des Anciens, & aiant choifi ceux qu'on eftimoit le plus, & qu'il trouva lui-même les meilleurs, il en tira les plus excellentes inftructions, dans le deffein d'en profiter lui-même le premier, d'en faire les régles de fa conduite, & de les propofer enfuite aux autres. A l'âge de vingt ans il fe maria, & eut un fils nommé *Peyu*, qui mourut âgé de cinquante ans. Ce fut le feul enfant qu'il eut, mais fa race ne s'éteignit pas pourtant, il lui refta un petit-fils apellé *Cufu*, qui ne fe rendit pas indigne de fes Ancêtres. *Cufu* s'attacha à la Philofophie;

il commenta les Livres de fon ayeul, il fut élevé aux premieres Charges, & fa Maifon s'eft fi bien foûtenuë, fes Defcendans ont été toûjours fi confidérables & par leurs dignitez & par leur opulence, que cette famille encore aujourd'hui eft une des plus illuftres familles de la Chine.

Confucius exerça la Magiftrature en divers lieux avec beaucoup de fuccés, & avec une grande réputation. Comme il n'avoit en vuë que l'utilité publique, & la propagation de fa doctrine, il ne cherchoit point la vaine gloire en ces fortes d'emplois. Auffi lors qu'il ne parvenoit pas à fon but, lors qu'il remarquoit qu'il s'étoit trompé dans l'efpérance qu'il avoit conçuë de pouvoir répandre plus aifément fes lumieres, d'un lieu élevé, il en defcendoit, il renonçoit à la charge de Magiftrat.

Ce Philofophe eut jufqu'à trois mille Difciples, entre lefquels il y en ut cinq cens qui remplirent les Charges les plus éminentes en divers Roiaumes, & foixante-douze d'une vertu & d'un fçavoir fi extraordinaire, que les Annales ont confervé leurs noms, leurs furnoms , & les noms même de leur Patrie. Il divifa fa Doctrine en quatre parties ; fi bien que l'Ecole de Confucius étoit compofée de quatre ordres de Difciples. Ceux du premier ordre s'apliquoient à cultiver la vertu, & à s'en imprimer de fortes habitudes dans l'efprit & dans le cœur. Ceux du fecond ordre s'attachoient à l'art du raifonnement & à celui de bien parler. Les troifiémes faifoient leur étude de la Politique. Et le travail & l'occupation des Difciples du quatriéme ordre , étoit d'écrire d'un ftyle poli & exact ce qui regardoit la conduite des mœurs. Parmi ces foixante & douze Difciples , il y en eut dix qui fe diftinguérent , & dont les noms & les Ecrits font en grande vénération.

Confucius dans toute fa doctrine, n'avoit pour but que de diffiper les ténébres de l'efprit, bannir les vices, rétablir cette intégrité qu'il affuroit avoir été un prefent du Ciel : & pour parvenir plus facilement à ce but , il exhortoit tous ceux qui écoutoient fes inſtructions , à obéïr au Ciel , à le craindre , à le fervir , à aimer fon prochain comme foi-même , à fe vaincre, à foûmettre fes paſſions à la raifon, à ne faire rien , à ne dire rien , à ne penſer rien qui lui fût contraire. Et ce qu'il y avoit de plus remarquable , il ne recommandoit rien aux autres , ou par écrit , ou de vive voix , qu'il ne pratiquât premierement lui-même. Auſſi fes Difciples avoient-ils pour lui une vénération fi extraordinaire, qu'ils ne faifoient pas quelquefois difficulté de lui rendre des honneurs , qu'on n'avoit accoûtumé de rendre qu'à ceux qui étoient élevez fur le Trône : nous en alléguerons un exemple. C'étoit une ancienne coûtume parmi les Chinois, de placer les lits des malades du côté du Septentrion : mais parce que cette fituation étoit la fituation des lits des Rois, lors qu'un Roi vifitoit un malade , l'on remettoit le lit du côté du Midi , & ç'eût été une efpece de crime de ne le point faire. Confucius a eu des Difciples qui lui ont rendu dans leurs maladies, un femblable hommage. Nous n'oublierons

pas ici une chofe fort remarquable
que raportent les Chinois. Ils difent
que Confucius avoit coûtume de dire
de tems en tems , *que l'homme faint
étoit dans l'Occident.* Quelle que fût
fa penfée , il eft certain que foixante
& cinq ans aprés la naiffance de JESUS-
CHRIST, l'Empereur *Mimti*, pouffé
par les paroles du Philofophe , & plus
encore , comme l'on dit , par l'Image
du Saint Héros qui lui aparut en fonge,
envoia deux Ambaffadeurs dans l'Occident, pour y chercher *le Saint & la
fainte Loi.* Mais ces Ambaffadeurs
aiant abordé à une certaine Ifle qui
n'étoit pas fort éloignée de la Mer
Rouge , n'aians pas ofé pouffer plus
loin , ils s'aviferent de prendre une
certaine Idole qu'ils y trouverent , la
ftatuë d'un Philofophe apellé *Foe Kiao*,
qui avoit paru dans les Indes environ
cinq cens ans avant Confucius , &
aporterent dans la Chine avec l'Idole
de *Foe* , la Doctrine qu'il avoit enfeignée. Que leur Ambaffade eût été
heureufe , fi au lieu de cette Doctrine,
ils fuffent retournez dans leur Patrie
avec la Doctrine falutaire de JESUS-

CHRIST, que S. Thomas enseignoit
pour lors dans les Indes ! Mais cette
divine lumiere n'y devoit pas encore
être portée. Depuis ce malheureux
tems la plûpart des Chinois ont servi
les Idoles ; & la superstition & l'idolatrie aiant fait tous les jours de nouveaux progrés , ils se sont éloignez
peu à peu de la doctrine de leur Maître,
ils ont négligé les excellentes instructions des Anciens ; & enfin étant ve-
nus jusques à méprifer toute sorte de
Religion , ils font tombez dans l'A-
théïsme. Auffi ne pouvoient-ils faire
autrement , en suivant l'execrable doctrine de *Foe* ; car cet Imposteur enseignoit, *que le principe & la fin de toutes
chofes , étoit le néant.*

Pour revenir à Confucius , dont la
doctrine a été si opofée à celle de *Foe*
& de ses Sectateurs , cet illustre Philosophe qui étoit si necessaire à sa Patrie , mourut l'an 73. de son âge. Peu
de tems avant la maladie qui le ravit
aux Chinois , il déploroit avec une
grande amertume d'esprit , les defor--
dres de son tems ; & il exprimoit ses
pensées par un Vers qui peut être

traduit de cette maniere. *O grande montagne !* il entendoit sa doctrine : *O grande montagne, qu'es-tu devenuë ! Cette importante Machine a été renversée ! helas ! il n'y a point de sages, il n'y a plus de saints !* Cette réflexion l'affligea si fort, qu'il en devint tout languissant ; & sept jours avant sa mort, se tournant du côté de ses Disciples, aprés avoir témoigné le déplaisir qu'il avoit de voir que les Rois , dont la bonne conduite étoit si necessaire , & d'une si grande consequence, n'observoient pas ses instructions & ses maximes , il ajoûta douloureusement : *Puis que les choses vont de la sorte , il ne me reste plus qu'à mourir.* Il n'eut pas plutôt proferé ces paroles , qu'il tomba dans une létargie , qui ne finit que par la mort.

Confucius fut enseveli dans sa Patrie , dans le Roiaume de *Lu ,* où il s'étoit retiré avec ses plus chers Disciples. On choisit pour son sepulchre un endroit qui est proche de la ville de *Kiofee,* au bord du fleuve *Su ,* dans cette même Académie où il avoit coûtume d'enseigner , & que l'on voit encore

encore aujourd'hui toute entourée de murailles, comme une Ville considérable.

On ne sçauroit exprimer l'affliction que causa la mort de ce Philosophe à ses Disciples. Ils le pleurerent amérement, ils prirent des habits lugubres, & furent dans un si grand ennui, qu'ils négligeoient le soin de leur nourriture & de leur vie. Jamais bon Pere n'a été plus regretté par des enfans bien nés & bien élevez, que Confucius le fut par ses Disciples. Ils furent tous dans le deüil & dans les larmes un an entier; il y en eut qui le furent durant trois ans : & même il s'en trouva un qui pénétré plus vivement que les autres de la perte qu'ils avoient faite, ne bougea de six ans de l'endroit où son Maître avoit été enseveli.

On voit dans toutes les Villes des Colléges magnifiques qu'on a bâtis en l'honneur de Confucius, avec ces Inscriptions & d'autres semblables, écrites en gros caractéres & en caractétes d'or. *Au grand Maître. A l'illustre Roi des Lettrez. Au Saint.* Ou, ce qui est la même chose chez les Chinois : *A celui qui a été doüé d'une sa-geffe extraordinaire.* Et quoiqu'il y ait deux mille ans que ce Philofophe n'eſt plus, on a une ſi grande véné-ration pour ſa mémoire, que les Ma-giſtrats ne paſſent jamais devant ces Colléges, qu'ils ne faſſent arréter les Chaiſes fuperbes où ils ſont portez par diſtinction. Ils en defcendent, & aprés s'être proſternez quelques momens, ils continuent leur chemin en faiſant quelques pas à pié. Il n'y a pas même juſqu'aux Rois & aux Empereurs qui ne ſe faſſent honneur quelquefois de viſiter eux-mêmes ces Edifices où ſont gravez les titres de ce Philofophe, & de le faire même d'une maniere éclatante. Voici des paroles fort re-marquables de l'Empereur *Yunlo*, qui a été le troiſiéme Empereur de la pré-cedente famille, apellée *Mim*. Il les prononça un jour qu'il ſe difpofoit à aller à un de ces Colléges dont nous avons déja parlé. *Je vénére le Pré-cepteur des Rois & des Empereurs. Les Empereurs & les Rois ſont les Seigneurs & les Maîtres des peuples ; mais Con-fucius a propofé les véritables moiens*

de conduire ces mêmes peuples , & d'in-
struire les·siécles à venir. Il est donc à
propos que j'aille au grand Collége , &
que je j'offre là des presens à ce grand
Maitre qui n'est plus , afin que je fasse
connoitre·combien j'honore les Lettrez,
& combien j'estime leur doctrine. Ces
marques extraordinaires de vénération,
persuadent que la vertu & le mérite de
ce Philosophe ont été extraordinaires.
Et certes cet excellent homme avoit
aussi des qualitez admirables. Il avoit
un air grave & modeste tout ensemble : il étoit fidéle , équitable , gay,
civil , doux, affable ; & une certaine
sérénité qui paroissoit sur son visage,
lui gagnoit les cœurs , & lui attiroit
le respect de tous ceux qui le regardoient. Il parloit peu , & il méditoit
beaucoup. Il s'apliquoit fort à l'étude,
sans pourtant fatiguer son esprit. Il
méprisoit les richesses & les honneurs,
lors que c'étoient des obstacles à ses
desseins. Tout son plaisir étoit d'enseigner & de faire goûter sa doctrine
à beaucoup de gens. Il étoit plus sé-
vére pour soi que pour les autres. Il
avoit une attention continuelle sur

lui-même, & étoit un Cenſeur fort rigoureux de ſa propre conduite. Il ſe
blâmoit de n'être pas aſſez aſſidu à
enſeigner ; de ne travailler pas avec
aſſez de vigilance à corriger ſes défauts, & de ne s'exercer pas, comme
il faloit, dans la pratique des vertus.
Enfin il avoit une vertu qu'on trouve
rarement dans les grands Hommes,
ſçavoir l'humilité : car non ſeulement
il parloit avec une extrême modeſtie
de ſoi & de tout ce qui le regardoit,
mais auſſi il diſoit devant tout le
monde, avec une ſincérité ſinguliere,
qu'il ne ceſſoit point d'aprendre, &
que la doctrine qu'il enſeignoit n'étoit
pas ſienne, que c'étoit la doctrine des
Anciens. Mais ſes Livres ſont ſon véritable Portrait, nous l'allons faire voir
par cet endroit-là.

SECONDE PARTIE.

... eil des Ouvrages de Confucius,

LIVRE PREMIER.

L E premier Livre de Confucius a
été mis en lumiére par l'un de fes
plus célébres Difciples nommé *Cemçu;*
& cét habile Difciple y a ajoûté de
fort beaux Commentaires. Ce livre eft
comme la porte par où il faut paffer
pour parvenir à la plus fublime fageffe,
& à la vertu la plus parfaite. Le Philofophe y traite de trois chofes confidérables. 1. De ce que nous devons faire
pour cultiver nôtre efprit & régler nos
mœurs. 2. De la maniére avec laquelle
il faut inftruire & conduire les autres;
& enfin, du foin que chacun doit avoir
de tendre vers le fouverain bien, de
s'y attacher, de s'y repofer, pour
ai . . . .

. . arce que l'Auteur a eû deffein,
fur-tout, d'adreffer fes enfeignemens
aux Princes, & aux Magiftrats qui
peuvent être apellez à la Royauté, le

livre a pour titre *Ta-Hio*, comme qui
diroit, *la grande Science.*

Le grand fecret, dit Confucius, pour
acquerir la veritable fcience, la fcience
par confequent digne des Princes &
des perfonnages les plus illuftres, c'eft
de cultiver & polir la raifon, qui eft
un prefent que nous avons reçû du
Ciel. La concupifcence l'a déréglée,
il s'y eft mêlé plufieurs impuretez.
Otez-en donc ces impuretez, afin
qu'elle reprenne fon premier luftre,
& ait toute fa perfection. C'eft-là le
fouverain bien. Ce n'eft pas affez. Il
faut de plus, qu'un Prince, par fes
exhortations & par fon propre éxem-
ple, faffe de fon peuple comme un
peuple nouveau. Enfin aprés être parvenu, par de grands foins, à cette
fouveraine perfection, à ce fouverain
bien, il ne faut pas fe relâcher ; c'eft
ici que la perféverance eft abfolument
néceffaire.

Comme d'ordinaire les hommes ne
fuivent pas les voies qui peuvent conduire à la poffeffion du fouverain bien,
& à une poffeffion conftante & éternelle, Confucius a crû qu'il étoit im-

portant de donner là-deſſus des inſtructions.

Il dit, qu'aprés qu'on a connu la fin
à laquelle on doit parvenir, il faut ſe
déterminer, & tendre ſans ceſſe vers
cette fin, en marchant dans les voies
qui y conduiſent ; en confirmant tous
les jours dans ſon cœur la réſolution
qu'on a formée d'y parvenir ; & en la
confirmant ſi bien , qu'il n'y ait rien qui
la puiſſe ébranler tant ſoit peu.

Quand vous aurez affermi de la ſorte
vôtre eſprit dans ce grand deſſein,
adonnez-vous, ajoûte-t-il , à la méditation : raiſonnez ſur toutes choſes en
vous-même : tâchez d'en avoir des
idées claires : conſidérez diſtinctement
ce qui ſe preſente à vous : portez-en,
ſans préjugé , des jugemens ſolides :
peſez tout, examinez tout avec ſoin.
Aprés un examen & des raiſonnemens
de cette nature, vous pourrez aiſément
parvenir au but où il faut que vous
vous arrétiez , à la fin à laquelle vous
vous devez tenir attaché ; ſçavoir, à
     parfaite conformité de toutes
vos actions avec ce que la raiſon ſug-
gére.

C 4

A l'égard des moiens qu'un Prince doit emploier pour purifier & polir fa raifon , afin que fa raifon étant ainfi difpofée , il puiffe conduire fes Etats, & redreffer & polir la raifon de fes peuples , le Philofophe propofe de quelle maniere les anciens Rois fe conduifoient.

Ils tâchoient , dit-il , pour être un jour en état de bien gouverner tout leur Empire , de bien conduire un Roiaume particulier, & deporter ceux qui le compofoient à cultiver leur raifon , & à agir comme des créatures doüées d'intelligence. Pour produire cette réformation dans ce Roiaume particulier , ils travailloient à celle de leur famille, afin qu'elle fervît de modéle à tous les fujets de ce Roiaume. Pour réformer leur famille ils prenoient un foin extraordinaire de polir leur propre perfonne , & de compofer fi bien leur extérieur , qu'ils ne diffent rien , qu'ils ne fiffent rien qui pût choquer tant foit peu la bien-féance, & qui ne fût édifiant , afin qu'ils fuffent eux-mêmes une régle & un exemple expofé fans ceffe aux yeux de leurs

domestiques & de tous leurs Courti-
sans. Pour parvenir à cette perfection
extérieure , ils travailloient à rectifier
leur esprit , en réglant & domtant
leurs passions ; parce que les passions,
pour l'ordinaire , éloignent l'esprit de
sa droiture naturelle , l'abaissent , & le
portent à toutes sortes de vices. Pour
rectifier leur esprit , pour régler &
domter leurs passions , ils faisoient en
sorte que leur volonté se portât toûjours au bien , & ne se tournât jamais
vers le mal. Enfin pour disposer ainsi
leur volonté, ils s'étudioient à éclairer
leur entendement, & à l'éclairer si bien,
qu'ils n'ignorassent rien, s'il étoit possible. Car enfin, pour vouloir, pour de-
sirer, pour aimer, pour haïr, il faut connoître ; c'est la Philosophie de la droite
raison.

C'est ce que proposoit Confucius
aux Princes, pour leur aprendre à rectifier & polir, premierement leur raison,
& ensuite la raison & la personne de
tous leurs Sujets. Mais afin de faire
plus d'impression, aprés être descendu
par degrez de la sage conduite de tout
l'Empire , jusques à la perfection de

l'entendement, il remonte par les mêmes degrez, de l'entendement éclairé
jufqu'à l'état heureux de tout l'Empire.
Si, dit-il, l'entendement d'un Prince
eft bien éclairé, fa volonté ne fe por-
tera que vers le bien : fa volonté ne fe
portant que vers le bien, fon ame fera
entierement rectifiée, il n'y aura aucune paffion qui lui puiffe faire perdre
fa rectitude : l'ame étant ainfi rectifiée,
il fera compofé dans fon extérieur, on
ne remarquera rien en fa perfonne qui
puiffe choquer la bienféance. Sa perfonne étant ainfi perfectionnée, fa famille fe formant fur ce modéle, fe ré-
formera & fe polira : fa famille étant
parvenuë à cette perfection, elle fer-
vira d'exemple à tous les Sujets du
Roiaume particulier ; & ceux qui compofent le Roiaume particulier, à tous
ceux qui compofent le corps de l'Empire. Ainfi tout l'Empire fera bien
réglé, l'ordre & la juftice y régneront,
l'on y joüira d'une paix profonde, ce
fera un Empire heureux & floriffant.
Confucius avertit enfuite que ces enfeignemens ne regardent pas moins les
Sujets que les Princes : & apiés s'adref-

fant précifément aux Rois , il leur dit, qu'ils doivent s'attacher particuliere- ment à bien régler leur famille , à en avoir foin , à la réformer. *Car* , ajoûte- t-il , *il n'eft pas poffible que celui qui ne fçait pas conduire & réformer fa propre famille , puiffe bien conduire & réformer un peuple.*

Voilà ce qu'il y a de plus important dans la doctrine de Confucius , conte- nuë dans le premier Livre , & qui eft le texte, pour ainfi dire , fur le- quel *Cemçu* fon Commentateur a tra- vaillé.

Ce célébre Difciple , pour expliquer & étendre les enfeignemens de fon Maître , allégue des autoritez & des exemples qu'il tire de trois Livres fort anciens , & fort eftimez par les Chinois.

Le premier Livre dont il parle , qui eft pourtant moins ancien que les au- tres , a pour titre *Camcao* , & fait une partie des Chroniques de l'Empire de *Cheu.* Ce Livre a été compofé par un Prince apellé *Vùvâm* , fils du Roi *Venvâm. Vuvâm* y fait l'éloge de fon pere : mais le principal deffein qu'il a,

en exaltant les vertus & les qualitez
de ce Prince , eſt de former ſur ce
modéle l'un de ſes freres , qu'il veut
perfectionner dans la vertu : & l'on
remarque qu'il lui diſoit ordinairement
que leur pere avoit pû devenir vertuéux.
Venvâm, lui diſoit-il, *a pû polir ſa raiſon
& ſa perſonne.*

Le ſecond Livre d'où *Cemçu* tire ſes
autoritez & ſes exemples , eſt apellé
Tai-Kia. Ce Livre, qui eſt beaucoup
plus ancien que le premier , a été écrit
par un fameux Empereur de *Xam* ,
apellé *Y-Yin.* On y lit que cet *Y-Yin,*
voiant que *Tai-Kia,* petit fils de l'Empereur *Chim-Tam* , dégénéroit de la
vertu de ſes illuſtres Ancêtres , & ſe
conduiſoit d'une maniere entierement
differente de la leur , il lui ordonna
de demeurer trois ans dans un Jardin,
où étoit le ſepulchre de ſon aieul ; que
cela fit une ſi grande impreſſion ſur
ſon eſprit , qu'il changea de conduite :
& que le même *Y-Yin* qui lui avoit
rendu un ſi bon office , l'aiant enſuite
élevé à l'Empire, *Tai-Kia* le gouverna
long-tems heureuſement. *Le Roi Tam,*
diſoit *Y-Yin* à *Tai-Kia* , *le Roi Tam*

avoit toûjours l'esprit occupé à cultiver cette précieuse raison qui nous a été donnée du Ciel.

Enfin le troisiéme Livre, qui est beaucoup plus ancien que les deux précedens, est apellé *Ti-Tien :* & l'on y lit encore à l'occasion du Roi *Yao , que ce Prince avoit pû cultiver cette sublime vertu, ce grand & sublime don qu'il avoit reçû du Ciel, sçavoir la raison naturelle.*

Il est visible que le Disciple de Confucius, par ces autoritez, a dessein d'enseigner, ou plutôt supose que tout le monde croit que nous avons tous reçû du Ciel des lumieres que la plûpart des hommes laissent éteindre par leur négligence, une raison que la plûpart des hommes négligent volontairement & laissent corrompre ; & que puis qu'il y a eu des Princes qui ont perfectionné ces lumieres, qui ont cultivé & poli leur raison, on les doit imiter ; & que l'on peut aussi bien qu'eux par ses soins, atteindre à une perfection semblable.

Il ne faut pas oublier ici une chose remarquable que raporte *Cemçu ,* tou-

chant un baſſin dans lequel le Roi *Tam*
avoit coûtume de ſe laver. Il dit
qu'on y voioit gravées ces belles paroles : *Lave-toi , renouvelle-toi conti-*
nuellement. Renouvelle-toi chaque jour.
Renouvelle-toi de jour en jour. Et que
c'étoit pour faire entendre au Roi , que
ſi un Prince qui gouverne les autres , a
contracté des vices & des ſoüillures , il
doit travailler à s'en nettoier , & à
mettre ſon cœur dans ſon premier état
de pureté. Au reſte , ç'a été une ancienne coûtume parmi les Chinois , de
graver ou de peindre ſur leurs vaſes
domeſtiques des ſentences morales , &
de fortes exhortations à la vertu : en
ſorte que lors qu'ils ſe lavoient , ou
qu'ils prenoient leurs repas là , ils
avoient toûjours devant les yeux ces
ſentences & ces exhortations. Cette
coûtume ancienne s'eſt même conſer-
vée juſqu'à preſent. Il y a ſeulement
cette différence , dit celui qui a publié
les ouvrages de Confucius , qu'au lieu
qu'autrefois l'on gravoit , ou l'on pei-
gnoit les caractéres au dedans du vaiſ-
ſeau , au milieu de la face intérieure,
aujourd'hui, le plus ſouvent, lesChinois

les font graver ou peindre en dehors, *se contentant dans ce siécle-ci, de l'aparence extérieure de la vertu.*

Aprés que *Cemçu* a parlé des deux premieres parties de la doctrine de son Maître, dont l'une regarde ce qu'un Prince doit faire pour sa propre perfection, & l'autre ce qu'il est obligé de faire pour la perfection & le bonheur des autres, il passe à la troisiéme & derniere partie, où il est parlé de la derniere fin que chacun doit se proposer comme le souverain bien, & dans laquelle il doit s'arréter. On se souviendra que par la derniere fin & le souverain bien, Confucius entend, comme nous l'avons déja fait remarquer, une entiere conformité de nos actions avec la droite raison.

Il allégue aprés cela l'exemple de *Vênvâm*, dont nous avons déja parlé: & certes la conduite de ce Prince a été si sensée & si bien réglée, qu'on ne peut aprendre sans admiration, que par les seules lumieres de la Nature, il ait eu les idées qu'il a euës, & qu'il soit parvenu à une vertu si sublime que celle à laquelle il est parvenu. On ne fera pas marri d'en voir ici quelque chofe.

Vênvâm, dit le Commentateur, avoit reconnu que l'amour que les Princes ont pour leurs Sujets ne fait que contribuer beaucoup à les bien conduire & à les rendre heureux : & dans cette vûë il faifoit fon affaire principale de cet amour, qu'il tâchoit de perfectionner fans ceffe. Voici de quelle maniere il s'y étoit pris. Parce que la principale vertu d'un Sujet eft d'honorer & de refpecter fon Roi, *Vênvâm* étant encore Sujet, fe fixoit à cet honneur & à ce refpect : & il fe faifoit un fi grand plaifir de ces fortes d'obligations, qu'il les remplit toûjours avec beaucoup de fidélité. Comme la premiere & la plus importante vertu des enfans à l'égard de leurs peres eft l'obéïffance, *Vênvâm*, dans la relation de fils, fe fixoit à cette obéïffance ; & il s'aquita, fans relâche, de ce devoir avec une piété extraordinaire. La principale vertu d'un pere, ajoûte le Difciple de Confucius, eft un amour tendre pour fes enfans : auffi *Vênvâm*, comme pere, fe fixoit à cet amour,

dont

dont il donna toûjours des marques
fort éclatantes , non par une foible &
criminelle indulgence , mais par les
foins continuels qu'il prit de les corriger & de les inftruire. Enfin la bonne foi eft une vertu abfolument néceffaire à ceux qui vivent en focieté :
auffi *Vênvâm* parlant & agiffant avec
les Sujets de fon Roiaume , fe fixoit à
cette vertu ; & il y fut toûjours fi fort
attaché , qu'il ne lui arriva jamais de
rien promettre qu'il n'effettuât avec
une promtitude & une exactitude in-
concevable.

Ce Prince , dit *Cemçu* , étoit né
d'un pere & d'une mere qui étoient
des perfonnes fort vertueufes , & qui
avoient pris grand foin de fon éducation , fur tout *Tâicin* fa mere , qui
avoit été un modéle de vertu : mais il
avoit lui-même fi bien cultivé cette
éducation , qu'il fe rendit un Prince
accompli , & s'aquit tant de réputation
& une eftime fi générale , même chez
les Nations étrangeres , que quarante-
quatre Roiaumes s'étoient volontairement foûmis à fon Empire. Cependant , ajoûte-t-il , ce grand éclat dont

D

il étoit environné , ne fut jamais capable de l'ébloüir : il étoit d'une humilité & d'une modeſtie ſans exemple :
il s'accuſoit même ſevèrement de n'ê-
tre pas aſſez vertueux : Car un jour
qu'il étoit malade , la terre aiant été
ſecoüée par de prodigieux tremble-
mens , il ne chercha la cauſe de cette
calamité & de la colere du Ciel que
dans ſes propres pechez , quoiqu'il fût
d'une vertu conſommée.

Ce qui a le plus paru dans les actions
de *Vênvâm* , eſt une charité extraordinaire , nous n'en alléguerons qu'un
exemple. On lit dans les Annales de
la Chine , que ce Prince aiant rencontré à la campagne les oſſemens d'un
homme à qui l'on avoit refuſé les
honneurs de la ſepulture , il commanda
d'abord qu'ils fuſſent enſevelis : &
comme quelqu'un de ceux qui étoient
autour de lui , dit qu'on ignoroit qui
étoit le Maitre du défunt , & que par
cette raiſon il ne faloit pas s'en mettre
en peine , fondé peut-être ſur quelque
coûtume du païs. *Quoi !* répondit le
Roi, *celui qui tient les rênes de l'Empire, n'eſt-il pas le Maître de l'Empire?*

Celui qui régne , n'eſt-il pas le Maître
du Roiaume ? Je ſuis donc le Maître &
le Seigneur du défunt , ainſi pourquoi
lui refuſerois-je ces derniers devoirs de
piété ? Mais ce n'eſt pas tout ; il n'eut
pas plutôt proferé ces paroles, que ſe
dépoüillant de ſon vêtement Roial , il
commanda que l'on s'en ſervît pour
enveloper ces oſſemens , & qu'on les
enſevelît ſelon les manieres & la coûtume du païs : ce que ſes Courtiſans
aiant vû avec admiration , s'écrierent :
Si la piété de nôtre Prince eſt ſi grande
envers des oſſemens tout ſecs , combien
grande ne ſera-t-elle pas envers des
hommes qui joüiſſent de la vie. Ils fi-
rent quelques autres réflexions de cette
nature.

La charité de *Vênvâm* avoit proprement pour objet toutes ſortes de
perſonnes , mais particulierement les
perſonnes avancées en âge , les veuves,
les orphelins , & les pauvres, qu'il
protégeoit & nourriſſoit comme s'ils
euſſent été ſes propres enfans. On
croit que ces charitables actions ont
été la cauſe principale du rétabliſſe-
ment d'une pieuſe coûtume des pre-

miers Empereurs, & d'une Loi qu'on
obferve encore aujourd'hui dans toute
la Chine. Cette Loi porte que dans
chaque Ville, même dans les plus petites, l'on entretiendra, aux dépens
du public, cent pauvres perfonnes
âgées.

Mais *Vênvâm* ne fe contenta pas
d'avoir donné, durant le cours de fa
vie, des inftructions & des exemples
de vertu ; lors qu'il fe fentit proche de
la mort, ne fe fiant pas affez fur la
force de fes inftructions précedentes,
& de fes exemples, & fçachant que les
dernieres paroles des mourans font
une grande impreffion, il donna encore à fon fils *Vuvâm* ces trois avertiffemens. 1. *Lorfque vous verrez faire
quelque action vertueufe, ne foiez point
pareffeux à la pratiqaer.* 2. *Lorfqne
l'occafion de faire une chofe raifonnable
fe prefentera, profitez-en, fans héfiter.*
3. *Ne ceffez point de travailler à dé-
truire & extirper les vices.* Ces trois
avertiffemens que je vous donne, mon
fils, ajoûta-t-il, contiennent tout ce qui
peut produire une probité exacte, & une
conduite droite.

Voilà fans doute un exemple qui
fait fentir que dans le tems que ce Roi
vivoit, les Chinois avoient des fentimens fort raifonnables , & que là
vertu étoit leur paffion, pour ainfi dire:
car enfin les peuples, pour l'ordinaire,
fe conforment aux fentimens & aux
mœurs de leurs Rois.

Regio ad exemplum , totus componitur
orbis.

Il n'y a rien pourtant qui donne une
plus grande idée de la vertu des anciens Chinois , que ce qu'ils ont dit
& pratiqué à l'àgard des procez. Ils
enfeignoient qu'il ne faloit intenter
des procés à perfonne ; que les fraudes, les aigreurs & les inimitiez, qui
font les fuites ordinaires des procés,
étoient indignes des hommes ; que
tout le monde devoit vivre dans l'u-
nion & dans la concorde ; & que pour
cela il faloit que chacun fift tous fes
efforts, ou pour empêcher les procés
de naître , ou pour les étoufer dans
leur naiffance, en accordant les parties , & leur infpirant l'amour de la
paix ; c'eft à dire, *en les engageant à re-*

nouveller & polir leur raison : ce font les paroles de *Cemçu.*

Mais ce qu'il y a de plus remarquable fur ce fujet , c'eft les précautions extraordinaires que les Juges prenoient, lorfque quelque caufe étoit portée devant leurs Tribunaux. Ils examinoient avec toute l'attention dont ils pouvoient être capables , tout l'extérieur de celui qui fufcitoit le procés, afin que par ce moien ils pûffent connoitre fi cet homme étoit pouffé par de bons motifs, s'il croioit fa caufe bonne, s'il agiffoit fincerement : & il y avoit cinq Regles pour cela. Par la premiere Régle , ils examinoient l'arrangement de fes termes & fa maniere de parler, & cela s'apelloit *Cutim ;* c'eft à dire, *l'obfervation des paroles.* Par la feconde Régle , ils confidéroient l'air de fon vifage , & le mouvement de fes lévres ; & cela s'apelloit *Setim ,* c'eft à dire, *l'obfervation du vifage.* Par la troifiéme , ils prenoient garde à la maniere dont il refpiroit lors qu'il propofoit fa caufe ; cette Régle s'apelloit *Kitim ,* c'eft à dire , *l'obfervation de la refpiration.* Par la quatriéme , ils remarquoient s'il avoit la repartie promte : s'il ne donnoit pas des réponfes embarraffées , mal aifées , incertaines, ou s'il parloit d'autre chofe que de ce dont il étoit queftion ? fi fes paroles n'étoient pas ambiguës ; & cela s'apelloit *Ulhtim* , c'eft à dire, *l'obfervation des réponfes.* Enfin par la cinquiéme Régle , les Juges devoient confidérer avec foin les regards , prendre bien garde s'il n'y avoit point de trouble, d'égarement , de confufion ; s'il n'y paroiffoit pas quelque indice de menfonge & de fraude ; & cette derniere Régle étoit apellée *Motim* , c'eft à dire, *l'obfervation des yeux.*

C'étoit par ces marques extérieures que cet ancien Areopage découvroit les fentimens les plus cachez du cœur, rendoit une juftice exacte , détournoit une infinité de gens des procés & des fraudes , & leur infpiroit l'amour de l'équité & de la concorde. Mais aujourd'hui on ignore ces Régles dans la Chine, ou du moins elles y font négligées entierement.

Pour revenir à la doctrine de Confucius , éclaircie par les Commentaires de *Cemçu*, ce Difciple fait fort valoir une Maxime qu'il avoit entendu dire fort fouvent à fon Maitre, & qu'il inculquoit auffi fort lui-même. La voici. *Conduifez-vous toûjours avec la même précaution & la même retenuë que vous auriez, fi vous étiez obfervé par des yeux, & que vous fuffiez montré par des mains.*

Pour rendre la vertu plus recommandable encore, & en infpirer avec plus de facilité les fentimens, le même Difciple fait comprendre que ce qui eft honnête & utile étant aimable, nous fommes obligez à aimer la vertu, parce qu'elle renferme ces deux qualitez; que d'ailleurs la vertu eft un ornement qui embellit, pour ainfi dire, toute la perfonne de celui qui la poffede, fon intérieur & fon extérieur; qu'elle communique à l'efprit des beautez & des perfections qu'on ne fçauroit affez eftimer; qu'à l'égard du corps, elle y produit des agrémens fort fenfibles; qu'elle donne une certaine phyfionomie, certains traits, certaines manieres qui plaifent infiniment; & que comme c'eft le propre

de

de la vertu de mettre le calme dans le
cœur, & d'y entretenir la paix, auffi
ce calme intérieur & cette joie fecréte
produifent une certaine férénité fur le
vifage, une certaine joie, & un certain
air de bonté, de douceur & de raifon
qui attire le cœur & l'eftime de tout
le monde. Apiês quoi il conclut que
la principale occupation d'un homme
eft de rectifier fon efprit, & de fi bien
régler fon cœur, que fes paffions foient
toûjours dans le calme; & que s'il ar-
ve qu'elles viennent à être excitées,
il n'en foit pas plus émû qu'il ne faut:
en un mot, qu'il les régle felon la
droite raifon. Car, par exemple,
ajoûte-t-il, fi nous nous laiffons emporter à une colere démefurée, c'eft à
dire, fi nous nous mettons en colere
lorfque nous n'en avons point de fujet,
ou plus que nous ne devons lorfque
nous en avons quelque fujet, l'on doit
conclure de là que nôtre efprit n'a
point la rectitude qu'il devroit avoir.
Si nous méprifons & haïffons mortel-
lement une perfonne, à caufe de certains défauts que nous remarquons en
elle, & que nous ne rendions pas

juſtice à ſes bonnes qualitez , ſi elle
en a ; ſi nous nous laiſſons troubler
par une trop grande crainte ; ſi nous
nous abandonnons à une joie immo-
dérée , ou à une triſteſſe exceſſive , on
ne peut pas dirſ non plus que nôtre
eſprit ſoit dane l'état où il devroit
être , qu'il ait ſa rectitude & ſa droiture.

Cemçu pouſſe encore plus loin cette
Morale , & lui donne une perfection
qu'on n'auroit , ce ſemble , jamais at-
tendu de ceux qui n'ont point été ho-
norez de la révélation divine. Il dit,
que non ſeulement il faut garder de la
modération en général , toutes les fois
que nos paſſions ſont excitées ; mais
qu'auſſi à l'égard de celles qui ſont les
plus légitimes , les plus innocentes,
& les plus loüables , nous ne devons
point nous y abandonner aveuglément,
& ſuivre toûjours leurs mouvemens ;
qu'il faut conſulter la raiſon. Par
exemple , les parens ſont obligez de
s'aimer les uns les autres. Cependant comme leur amitié peut être trop
foible , elle peut être auſſi trop forte :
& à l'un & à l'autre égard , il y a ſans

doute du dérèglement. Il est juste d'aimer son pere : mais si un pere a quelque défaut considérable , s'il a commis quelque grande faute , il est du devoir d'un fils de l'en avertir , & de lui dire ce qui lui peut être utile, en gardant toûjours un certain respect dont il ne doit jamais se départir. De même, si un fils est tombé dans quelque peché , il est du devoir d'un pere de le censurer , & de lui donner là-dessus ses instructions. Que si leur amour est aveugle, si leur amour est une pure passion ; si c'est la chair & le sang qui les font agir , cet amour est un amour déréglé. Pourquoi ? parce qu'il se détourne de la régle de la droite raison.

Nous ferions grand tort au Lecteur, si nous ne parlions pas de l'Empereur *Yao* , dont on voit tant d'éloges dans l'Ouvrage qui a fourni la matiere du nôtre. Jamais homme n'a pratiqué avec plus d'exactitude que lui tous ces devoirs qui viennent d'être proposez par le disciple de Confucius. On peut dire , si son portrait n'est point flatté, qu'il avoit un naturel fait pour la vertu.

Il avoit le cœur tendre , mais magnanime & bien reglé. Il aimoit ceux qu'il étoit obligé d'aimer , mais c'étoit sans la moindre foiblesse. Il régloit en un mot son amour & toutes ses passions par la droite raison.

Ce Prince parvint à l'Empire , 2357. ans avant Jesus-Christ ; il régna cent ans : mais il régna avec tant de prudence , avec tant de sagesse & avec tant de démonstrations de douceur & de bonté pour ses sujets , qu'ils étoient les plus hureux peuples de la terre.

Yao avoit toutes les excellentes qualitez qu'on peut désirer dans un Prince. Les richesses ne lui donnoient aucun orgueil. Son extraction , qui étoit si noble & si illustre ne lui inspiroit aucun sentiment de fierté. Il étoit honnête , sincére , doux , sans nulle affectation. Son Palais , sa table , ses habillemens, ses meubles , faisoient voir la plus grande modération qu'on ait jamais vûe. Il aimoit la Musique , mais c'étoit une musique grave & pieuse; il ne détestoit rien tant que ces chansons où l'honnêteté & la pudeur sont blessées. Ce n'étoit point une humeur

bizarre qui lui faifoit haïr ces fortes
de chanfons , c'étoit le défir qu'il avoit
à fe rendre , en toutes chofes, agre-
able au Ciel. Ce n'étoit point non-
plus l'avarice qui produifoit en lui
cette moderation qu'il gardoit dans
fa table , dans fes habillemens , dans
fes meubles ; & dans tout le refte c'é-
toit uniquement l'amour qu'il avoit
pour ceux qui étoient dans l'indigence;
car il ne penfoit qu'à les foulager.
C'eft auffi fa grande pieté, & cette charité ardente dont il brûloit, qui lui faifoient fouvent proferer ces paroles admirables : *La faim de mon peuple eft
ma propre faim. Le peché de mon peuple eft mon propre peché.*

L'an 72. de fon régne il élut pour
Collégue *Xun* qui gouverna l'Empire
avec lui vingt-huit ans. Mais ce qu'il
y eut de plus remarquable & qui merite les loüanges & les aplaudiffemens
de tous les fiécles , c'eft que quoiqu'il
eût un fils, il déclara qu'il vouloit que
Xun en qui il voioit beaucoup de vertu , une probité éxacte , & une conduite judicieufe , fût fon unique Succeffeur. Et comme on lui rapporta que

fon fils fe plaignoit de ce que fon pere l'avoit exclus de la Succeſſion à l'Empire, il fit cette réponſe, qui feule peut être la matiére d'un beau Panégyrique, & rendre fa mémoire immortelle. *J'aime mieux que mon fils feul foit mal, & que tout mon peuple foit bien, que fi mon fils feul étoit bien, & que tout mon peuple fût mal.*

Comme le principal but de Confucius, ainſi que nous l'avons déja dit, a été de propoſer fa Doctrine aux Rois, & de la leur perſuader, parce qu'il a crû que s'il pouvoit leur inſpirer des fentimens de vertu, leurs Sujets deviendroient vertueux à leur exemple, *Cemçu* expliquant cette Doctrine, s'étend fort fur les devoirs des Rois.

Il s'attache principalement à trois choſes. 1. A faire voir qu'il eſt tres-important que les Rois fe conduiſent bien dans leur famille & dans leur Cour, parce que l'on ne manque point d'imiter leurs manieres & leurs actions. 2. A leur perſuader que la neceſſité qu'il y a en général d'aquérir l'habitude de la vertu, & d'en remplir les devoirs, en tous lieux, & à toutes sortes d'égards. 3. A les engager à ne pas apauvrir le peuple, mais à faire tout pour son bien & pour sa commodité.

A l'égard du premier article, il se sert de plusieurs pensées que le livre des Odes lui fournit. Mais voici, en deux mots, ce qu'il dit de plus considérable. Si „ dit-il, un Roi comme pere, témoigne de l'amour à ses enfans ; si, comme fils, il est obéissant à son pere ; si, en qualité d'aîné, il a de la bien-veillance pour ses cadets, & vit en paix avec eux ; si, comme cadet, il a du respect & des égards pour son ainé ; s'il traite avec douceur ceux qui sont à son service ; s'il est charitable, sur tout envers les veuves & les orphelins ; si, dis-je, un Roi s'aquite exactement de tout cela, son peuple l'imitera, & l'on verra par tout son Roiaume tout le monde pratiquer la vertu. Les peres & les meres aimeront leurs enfans avec tendresse, & leur donneront une bonne éducation. Les enfans honoreront leurs peres & leurs meres, & leur obéiront exacte-

ment. Les aînez agiront avec bonté
envers leurs cadets ; & les cadets auront de la confidération & des égards
pour leurs aînez, ou pour les autres
perfonnes pour lefquelles la bien-
féance veut qu'ils aient du refpect :
comme, par exemple, pour les perfonnes avancées en âge. Enfin ceux qui
auront du bien, feront fubfifter quelques veuves, quelques orphelins,
quelques perfonnes infirmes : car il n'y
a rien qui fafle plus d'impreffion fur les
efprits des peuples, que les exemples
de leurs Rois.

A l'égard du fecond article, où
Cemçu exhorte en général à pratiquer
la vertu, il allégue pour principe cette
maxime, à laquelle JESUS-CHRIST
lui-même femble raporter toute fa
Morale : *Faites à autrui ce que vous*
voudriez qu'on vous fift ; & ne faites pas
à autrui ce que vous ne voudriez pas qui
vous fût fait.

Parmi ceux au milieu defquels vous
vivez, dit le difciple de Confucius,
il y en a qui font au deffus de vous,
il y en a d'autres qui vous font infe-
rieurs, d'autres qui vous font égaux ;

il y en a qui vous ont précedé , il y
en a qui doivent être vos Succeſſeurs :
vous en avez à vôtre main droite , vous
en avez à vôtre main gauche. Faites
réflexion que tous ces hommes-là ont
les mêmes paſſions que vous ; & que
ce que vous ſouhaitez qu'ils vous faſſent , ou qu'ils ne vous faſſent point,
ils ſouhaitent que vous le leur faſſiez,
ou que vous ne le leur faſſiez point.
Ce que vous haïſſez donc dans vos
ſupérieurs , ce que vous blâmez en eux,
gardez-vous bien de le pratiquer à
l'égard de vos inférieurs : & ce que
vous haïſſez & blâmez dans vos inférieurs , ne le pratiquez point à l'égard
de vos ſupérieurs. Ce qui vous dé-
plaît dans vos prédeceſſeurs , évitez le,
pour n'en donner pas l'exemple vous-
même à ceux qui viendront après vous.
Et s'il arrivoit que vous vinſſiez à leur
donner un tel exemple , vous devriez
ſouhaiter qu'ils ne le ſuiviſſent point :
auſſi vous-même ne ſuivez point les
mauvais exemples de ceux qui vous
ont précedé. Enfin ce que vous blâmez dans ceux qui ſont à vôtre main
droite , ne le pratiquez point à l'égard

de ceux qui font à vôtre main gauche : & ce que vous blâmez à l'égard de ceux qui font à vôtre main gauche, gardez-vous de le pratiquer à l'égard de ceux qui font à vôtre main droite. Voilà, conclut *Cemçu*, de quelle maniere nous devons mefurer & régler toutes nos actions : & fi un Prince en ufe de la forte, il arrivera que tous fes Sujets ne feront qu'un cœur & qu'une ame, & qu'il devra être apellé plutôt leur Pere, que leur Seigneur & leur Maître. Ce fera le moien d'attirer les bénédictions & les faveurs du Ciel, de n'avoir rien à craindre, & de mener une vie douce & tranquille · car enfin la vertu eft la bafe & le fondement d'un Empire, & la fource d'où découle tout ce qui péut le rendre floriffant. C'eft dans cette vûë qu'un Ambaffadeur du Roiaume de *Cu*, fit cette belle réponfe à un Grand du Roiaume de *Cin*, qui lui demandoit, fi dans le Roiaume de fon Maître il y avoit de grandes richeffes & des pierres précieufes. *Il n'y a rien qu'on eftime précieux dans le Roiaume de Cu, que la vertu.* Un Roi de *Ci*, fit à peu prés

la même réponse. Ce Prince venoit
de traiter alliance avec le Roi de *Guei*;
& le Roi de *Guei* lui aiant demandé,
si dans son Roiaume il y avoit des
pierres précieuses, il répondit, qu'il
n'y en avoit point. Quoi! repartit ce
Roi tout surpris, est-il possible que
quoique mon Roiaume soit plus petit
que le vôtre, il s'y trouve pourtant
une Escarboucle dont l'éclat est si grand,
qu'il peut éclairer autant d'espace qu'il
en faut pour douze Chariots ; & que
dans vôtre Roiaume qui est beaucoup
plus vaste que le mien, il n'y ait point
de ces pierres précieuses ! *J'ai quatre*
Ministres, repliqua le Roi de *Ci*, *qui*
gouvernent avec une grande prudence
les Provinces que je leur ai confiées:
Voilà mes pierres précieuses, elles peu-
vent éclairer mille stades. Ce ne sont
pas les hommes seuls dans la Chine
qui ont estimé la vertu, il y a eu des
femmes qui l'ont regardée comme un
prix d'un bien infini, & préférable à
tous les tresors. Une illustre Reine,
apellée *Kiam*, qui régnoit 200. ans
avant Confucius, retira son mari du
libertinage & de la débauche, par une

action qui mérite d'être immortalisée.
Comme elle voioit que ce Prince af-
fiſtoit continuellement à des repas de
débauche , & qu'il s'abandonnoit à
toutes ſortes de voluptez, elle arracha
un jour ſes pendans d'oreille & toutes
les pierreries qu'elle portoit , & en cet
état elle alla trouver le Roi , & lui dit
ces paroles avec une émotion touchante.
Seigneur, eſt-il poſſible que la débauche
& la luxure vous plaiſent ſi fort ?
Vous mépriſez la vertu; mais je l'eſtime
infiniment plus que les pierres précieuſes.
Elle s'étendit enſuite ſur ce ſujet , &
l'action & le diſcours de cette Prin-
ceſſe le toucherent ſi fort , qu'il re-
nonça à ſes deſordres , & s'adonna
tout entier à la vertu & au ſoin de
ſon Roiaume , qu'il gouverna encore
treize ans avec l'aplaudiſſement de tout
le monde.

Enfin à l'égard du dernier article,
Cemçu repreſente aux Rois , qu'ils ne
doivent point fouler le peuple , ni
par leurs impôts, ni autrement : que
pour n'être pas obligez d'en venir là,
il eſt neceſſaire de choiſir des Miniſtres
capables , fidéles , vertueux , & pas

conſequent d'éloigner du maniment des affaires ceux qui en ſont indignes; & qui par leur cruauté & leur avarice, ne peuvent que porter un tres-grand préjudice à l'Etat. Il leur fait comprendre qu'ils doivent diminuer, autant qu'il eſt poſſible, le nombre des Miniſtres, & de tous ceux qui vivent aux dépens du public; tâcher de porter tout le monde au travail, & faire en ſorte que ceux qui gouvernent & diſpenſent les Finances, le faſſent avec toute la modération poſſible. Les Princes, ajoûte-t-il, ne doivent jamais chercher leur intérêt particulier; ils ne doivent chercher que les intérêts de leur peuple: pour etre aimez & ſervis fidélement, ils doivent perſuader à leurs Sujets, par leur conduite, qu'ils ne penſent qu'à les rendre heureux; ce qu'ils ne leur perſuaderont jamais, s'ils n'ont à cœur que leurs intérêts particuliers, s'ils les foulent & les apauvriſſent.

LIVRE SECOND.

CE second livre de Confucius, a été mis en lumiere par *Cusu* son petit fils. Il y est parlé de diverses choses, mais sur tout de cette belle médiocrité qu'il faut garder en toutes choses avec constance, entre le trop & le trop peu. Aussi ce Livre a-t-il pour titre, *Chumyum*, c'est à dire, *Milieu perpetuel*, milieu gardé constamment.

Confucius enseigne d'abord, que tous les hommes doivent aimer cette médiocrité, qu'ils la doivent rechercher avec un soin extrême. Il dit que l'homme parfait tient toûjours un juste milieu, quoiqu'il entreprenne ; mais que le méchant s'en éloigne toûjours, qu'il en fait trop, ou qu'il n'en fait pas assez. Lorsque la droite raison venuë du Ciel, ajoûte-t-il, a montré une fois à un homme sage le milieu qu'il doit tenir, il y conforme ensuite toutes ses actions, en tout tems, aussi bien dans l'adversité que dans la prospérité ; il veille continuellement sur lui-

même , fur les penfées , fur les mouvemens les plus cachez de fon cœur,
afin de fe régler toûjours fur ce jufte
milieu , qu'il ne veut jamais perdre
de vûë : mais les méchans n'étant re-
tenus ni par la crainte , ni par la pudeur , ni par l'amour de la vertu, leurs
paffions déréglées les portent toûjours
dans les extrémitez.

Ce Philofophe ne peut affez admirer cette heureufe médiocrité ; il la
regarde comme la chofe du monde la
plus relevée , comme la chofe du
monde la plus digne de l'amour & de
l'occupation des efprits les plus fubli-
mes , comme le feul chemin de la
vertu : & il fe plaint de ce que de
tout tems il y a eu fi peu de perfonnes
qui l'aient gardée , il en recherche
même la caufe. Il dit, que pour le
regard des Sages du fiécle , ils la négligent, & n'en font point de cas, parce qu'ils s'imaginent qu'elle eft au deffous de leurs grands deffeins , de leurs
projets ambitieux : & que pour les
perfonnes groffieres, elles n'y parvien-
nent que difficilement ; ou parce qu'ils
ne la connoiffent point , ou parce que

la difficulté qu'il y a à y parvenir les
étonne & les décourage : & tout cela,
ajoûte Confucius, arrive faute d'examen : car si l'on examinoit avec exactitude ce qui est bon en soi, l'on recon-
noîtroit que toutes les extrémitez sont
nuisibles, & qu'il n'y a que le milieu
qui soit toûjours bon & utile.

Il allégue sur tout ceci l'exemple de
l'Empereur *Xun*. Que la prudence de
l'Empereur *Xun* a été grande, s'écrie-
t-il : il ne se contentoit pas, dans l'ad-
ministration des affaires de l'Etat, de
son seul examen, de son jugement particulier, de sa prudence, il se servoit
encore des conseils des moindres de
ses Sujets. Il demandoit même conseil sur les moindres choses, & il se
faisoit un devoir & un plaisir d'examiner les réponses qu'on lui donnoit,
quelques communes qu'elles parus-
sent. Lors qu'on lui proposoit quelque chose, & qu'aprés un mûr examen, il s'étoit convaincu que ce qu'on
lui proposoit n'étoit pas conforme à la
droite raison, il n'y acquiesçoit point;
mais il representoit avec un cœur ou-

vert ce qu'il y avoit de mauvais dans
le confeil qu'on lui donnoit. Par ce
moien il faifoit que fes Sujets prenoient de la confiance en lui, & qu'ils
s'accoûtumoient à lui donner de tems
en tems des avertiffemens avec liberté.
Pour les confeils bons & judicieux, il
les fuivoit, il les loüoit, il les exal-
toit ; & par là chacun étoit encouragé
à lui déclarer fes fentimens avec plaifir.
Que fi parmi les confeils qu'on lui
donnoit, il s'en trouvoit qui fuffent
entierement opofez les uns aux autres,
il les examinoit attentivement, & aprés
les avoir examinez, il prenoit toûjours
un milieu, fur tout lors qu'il s'agiffoit
de l'intérêt public.

Confucius déplore ici la fauffe prudence des gens de fon tems. En effet,
elle avoit fort dégéneré de la prudence
des anciens Rois. Il n'y a, dit-il, à
prefent perfonne qui ne dife, j'ai de
la prudence, je fçai ce qu'il faut faire,
& ce qu'il ne faut point faire. Mais
parce qu'aujourd'hui on n'a devant les
yeux que fon profit & fa commodité
particuliere, il arrive qu'on ne penfe
point aux maux qui en peuvent pro-

venir, aux périls aufquels ce gain &
ce profit expofent, & que l'on ne s'a-
perçoit point du précipice. Il y en a
qui connoiffent parfaitement la nature
& le prix de la médiocrite, qui la
choififfent pour leur régle, & qui y
conforment leurs actions ; mais qui
enfuite venant à fe laiffer furmonter
par la pareffe, n'ont pas la force de
perfifter. Que fert à ces fortes de gens
la connoiffance & les réfolutions qu'ils
ont formées ? Helas ! il n'en étoit
pas de même de mon Difciple *Hoeî* :
il avoit un difcernement exquis, il
remarquoit toutes les différences qui fe
trouvent dans les chofes, il choififfoit
toûjours un milieu, il ne l'abandonnoit
jamais.

Au refte, ajoûte Confucius, ce n'eft
pas une chofe fort facile à acquerir
que ce milieu que je recommande
tant. Helas ! il n'y a rien de fi difficile ; c'eft une affaire qui demande
de grands foins & de grands travaux.
Vous trouverez des hommes qui feront capables de gouverner heureufe-
ment les Roiaumes de la terre. Vous
en verrez qui auront affez de magna-

nimité pour refuſer les dignitez & les
avantages les plus conſidérables : il y
en aura même qui auront aſſez de courage pour marcher ſur des épées toutes
nuës ; mais que vous en trouverez peu
qui ſoient capables de tenir un juſte
milieu ! Qu'il faut d'adreſſe, qu'il faut
de travail, qu'il faut de courage, qu'il
faut de vertu pour y parvenir.

Ce fut à l'occaſion de cette Morale,
qu'un de ſes Diſciples, qui étoit d'une
humeur guerriere & fort ambitieuſe,
lui demanda en quoi conſiſtoit la valeur, & ce qu'il faloit faire pour mé-
riter le nom de vaillant. Entendez-
vous parler, répondit Confucius, de
la valeur de ceux qui ſont dans le Midi,
ou de la valeur de ceux qui ſont dans
le Septentrion, ou bien de la valeur
de mes Diſciples qui s'attachent à l'é-
tude de la ſageſſe ? Agir avec douceur
dans l'éducation des enfans & des
Diſciples, avoir de l'indulgence pour
eux ; ſuporter patiemment leurs déſ-
obéïſſances & leurs défauts, voilà en
quoi conſiſte la valeur des habitans du
Midi. Par cette valeur ils ſurmontent
leur tempérament violent, & ſoûmet-

tent à la droite raifon leurs paffions, qui font ordinairement violentes. Coucher fans crainte dans un Camp, repofer tranquillement au milieu du terrible apareil d'une armée, voir devant fes yeux mille morts fans s'effraier ; ne s'ennuier point même de cette forte de vie, s'en faire un plaifir : voilà ce que j'apelle la valeur des hommes du Septentrion. Mais comme d'ordinaire il y a en tout cela beaucoup de témérité, & que le plus fouvent on ne s'y régle guéres, fur ce milieu que tout le monde devroit rechercher, ce n'eft point cette forte de valeur que je demande de mes Difciples. Voici quel doit être leur caractére.

Un homme parfait, (car enfin il n'y a que les hommes parfaits qui puiffent avoir une véritable valeur,) un homme parfait doit toûjours être occupé à fe vaincre lui-même. Il doit s'accommoder aux mœurs & à l'efprit des autres : mais comme il doit être toûjours maître de fon cœur & de fes actions, il ne doit jamais fe laiffer corrompre par la converfation ou les

exemples des hommes lâches & effe-
minez, il ne doit jamais obéïr, qu'il
n'ait examiné auparavant ce qu'on lui
commande ; il ne doit jamais imiter
les autres fans difcernement. Au milieu de tant d'infenfez & de tant d'a-
veugles, qui marchent à travers champs,
il doit marcher droit, & ne pancher
vers aucun parti, c'eft la véritable valeur. De plus, fi ce même homme
eft apellé à la Magiftrature, dans un
Roiaume où la vertu eft confiderée,
& qu'il ne change point de mœurs,
quelques grands que foient les honneurs aufquels il eft élevé, s'il y conferve toutes les bonnes habitudes qu'il
avoit lors qu'il n'étoit que particulier;
s'il ne fe laiffe pas emporter à la vanité & à l'orgueil, cet homme-là eft
véritablement vaillant. *Ah ! que cette
valeur eft grande !* Que fi au contraire
il eft dans un Roiaume où la vertu &
les Loix foient méprifées, & que dans
la confufion & le defordre qui y régnent, il foit lui-même preffé de la
pauvreté, affligé, réduit même à perdre la vie, mais que cependant au
milieu de tant de miferes, il demeure

ferme , il conferve toute l'innocence
de fes mœurs , & ne change jamais
de fentimens , *ah ! que cette valeur eft
grande & illuftre !* Au lieu donc de la
valeur des païs Méridionaux , ou de
celle du Septentrion , je demande , &
j'attens de vous , mes chers Difciples,
une valeur de la nature de celle dont je
viens de parler.

Voici quelque chofe que dit Confucius , qui n'eft pas moins remarquable. Il y a , dit-il , des gens qui
paffent les bornes de la médiocrité ,
en affectant d'avoir des vertus extraordinaires : Ils veulent que dans leurs
actions il y ait toûjours du merveil-
leux , afin que la poftérité les loüe &
les exalte. Certes pour moi je ne
m'entêterai jamais de ces actions écla-
rantes , où la vanité & l'amour propre
ont toûjours plus de part que la vertu.
Je ne veux fçavoir & pratiquer que ce
qu'il eft à propos de fçavoir & de pratiquer par tout.

Il y a quatre Régles , fur lefquelles
l'homme parfait fe doit conformer.
1. Il doit pratiquer lui-même à l'égard
de fon pere , ce qu'il exige de fon fils,

2. Il doit faire paroître dans le fervice de fon Prince, la même fidélité qu'il demande de ceux qui lui font foûmis. 3. Il doit agir à l'égard de fon aîné, de la même maniere qu'il veut que fon cadet agiffe à fon égard. 4. Enfin, il en doit ufer envers fes amis, comme il fouhaite que fes amis en ufent envers lui. L'homme parfait s'aquitte continuellement de ces devoirs, quelques communs qu'ils paroiffent. S'il vient à s'appercevoir qu'il ait manqué en quelque chofe, il n'eft point en repos qu'il n'ait réparé fa faute : S'il reconnoît qu'il n'a pas rempli quelque devoir confidérable, il n'y a point de violence qu'il ne fe faffe pour le remplir parfaitement. Il eft modéré & retenu dans fes difcours, il ne parle qu'avec circonfpection : s'il lui vient une grande affluence de paroles, il ne l'ofe pas étaler, il s'arréte : en un mot, il eft à lui-même un fi rigoureux cenfeur, qu'il n'eft point en repos que fes paroles ne répondent à fes actions, & fes actions à fes paroles. Or le moien, s'écrie-t-il, qu'un homme qui eft parvenu à

cette perfection n'ait une vertu solide & constante!

Cusu ajoûte ici à la doctrine de son Maître une Morale digne de la méditation de ceux qui desirent se perfectionner. L'homme parfait, dit ce digne Disciple d'un si grand Philosophe, l'homme parfait se conduit selon son état present, & ne souhaite rien au delà. S'il se trouve au milieu des richesses, il agit comme un homme riche, mais il ne s'adonne pas aux voluptez illicites : il évite le luxe, il n'a nul orgueil, il ne choque personne. S'il est dans un état pauvre & méprisable, il agit comme doit agir un homme pauvre & méprisé ; mais il ne fait rien d'indigne d'un homme grave, & d'un homme de bien. S'il est éloigné de son païs, il se conduit comme un étranger se doit conduire ; mais il est toûjours semblable à lui-même. S'il est dans l'affliction & dans les souffrances, il ne brave pas fierement son destin, mais il a de la fermeté & du courage, rien ne sçauroit ébranler sa constance. S'il est élevé aux Dignitez, il tient son rang, mais

il

il ne traite jamais avec févérité fes inférieurs : & s'il fe voit au deffous des
autres, il eft humble, il ne fort jamais
du refpect qu'il doit à fes fupérieurs:
mais il n'achete jamais leur faveur
par des lâchetez & des flateries. Il
emploie tous fes foins à fe perfectionner lui-même , & n'exige rien
des autres avec févérité : c'eft pour
cela qu'il ne témoigne du méconten-
tement ni de l'indignation à perfonne.
S'il éleve les yeux vers le Ciel , ce
n'eft point pour fe plaindre de ce qu'il
ne lui envoie pas la profpérité , ou
murmurer de ce qu'il l'afflige : s'il regarde en bas vers la terre , ce n'eft
point pour faire des reproches aux
hommes , & leur attribuer la caufe de
fes malheurs & de fes néceffitez ; c'eft
pour témoigner fon humilité , c'eft
pour dire qu'il eft toûjours content de
fon état , qu'il ne defire rien au delà,
& qu'il attend avec foûmiffion & avec
un efprit toûjours égal , tout ce que
le Ciel ordonnera·de lui. Auffi joüit-
il d'une certaine tranquillité qui ne
fçauroit être bien comparée qu'au fom-
met de ces montagnes qui font plus élo-

G

vées que la région , où se forment les foudres & les tempêtes.

Dans la suite de ce Livre il est parlé du respect profond que les anciens Chinois , & sur tout les Rois & les Empereurs , avoient pour leurs peres & pour leurs meres , & de l'obéïssance exacte qu'ils leur rendoient. Si un Roi , disoient-ils , a du respect pour son pere & pour sa mere , & leur obéït , certainement il tâchera de porter ses Sujets à suivre son exemple : Car enfin un homme qui aime la vertu, desire que tous les autres l'aiment aussi, sur tout s'il est de son intérêt qu'ils soient vertueux. Or il importe fort à un Roi que ses Sujets aiment la vertu, & la pratiquent. En effet, comment pourroit-il espérer d'être obéï de ses Sujets , s'il refusoit lui-même d'obéïr à ceux qui lui ont donné le jour. Aprés tout , si un Prince souhaite de porter ses Sujets à être obéïssans à leurs peres & à leurs meres , il doit user envers eux de bienveillance, & les traiter avec cette tendresse qu'ont les peres pour leurs enfans : car on imite volontiers ceux que l'on aime,

& dont l'on croit être aimé. Que si ce
Prince par cette conduite, porte ses
Sujets à obéir à leurs peres & à leurs
meres, & ensuite à lui obéir à lui-
même, comme à leur Pere commun,
à plus forte raison obéïront-ils au Ciel,
d'où viennent les Couronnes & les
Empires ; au Ciel, qui est le Pere
souverain de tous les hommes. Et
qu'arrivera-t-il de cette obéïssance ?
Il arrivera que le Ciel répandra ses
bénédictions sur ceux qui s'en seront
si bien aquitez. Il récompensera abon-
damment une si belle vertu, il fera
régner par tout la paix & la concorde :
si bien que le Roi & ses Sujets ne
sembleront qu'une seule famille, où
les Sujets obéïssant à leur Roi, comme
à leur pere ; & le Roi aimant ses Sujets, comme ses enfans, ils méneront
tous, comme dans une seule maison,
mais une maison riche, magnifique,
réglée & commode, la vie la plus heu-
reuse & la plus douce que l'on puisse
imaginer.

Pour retourner à Confucius, comme il sçavoit que les exemples des
Rois font une grande impression sur

les efprits, il propofe encore celui de
l'Empereur *Xun*, à l'égard de l'obéïffance que les enfans doivent à leurs
peres & à leurs meres. *O que l'obéïf-*
fance de cet Empereur a été grande !
s'écrie Confucius. Auffi, continuë-t-il,
s'il a obtenu du Ciel la Couronne
Impériale, c'eft la récompenfe de cette
vertu. C'eft cette vertu qui lui a
procuré tant de revenus, ces richeffes
immenfes, & ces grands Roiaumes
qui n'ont pour bornes que l'Ocean.
C'eft cette vertu qui a rendu par tout
le monde fon nom fi célébre. Enfin,
je ne doute point que cette longue &
douce vie dont il a joüi, ne doive être
regardée comme une récompenfe de
cette vertu. A entendre parler ce Philofophe, ne diroit-on pas qu'il avoit
lû le Décalogue, & qu'il fçavoit la
promeffe que Dieu y a faite à ceux qui
honoreront leurs peres & leurs meres ?
Mais fi, par ce que vient de dire
Confucius, il femble que le Décalogue ne lui fût pas inconnu, il fem-
blera bien mieux qu'il connoiffoit les
Maximes de l'Evangile, lors qu'on
aura vû ce qu'il enfeigne touchant la

charité, qu'il dit qu'il faut avoir pour tous les hommes.

Cet amour, dit-il, qu'il faut avoir pour tous les hommes du monde, 'ell point quelque chose d'étranger à l'homme, c'est l'homme lui-même; ou si vous voulez, c'est une proprieté naturelle de l'homme, qui lui dicte qu'il doit aimer généralement tous les hommes. Cependant, aimer pardessus tous les hommes, son pere & sa mere, c'est son premier & principal devoir, de la pratique duquel il va ensuite, comme par degrez, à la pratique de cet amour universel, qui a pour objet tout le genre humain. C'est de cet amour universel que vient la justice distributive, cette justice qui fait qu'on rend à chacun ce qui lui apartient, & que sur tout on chérit & honore les hommes sages, & d'une probité exacte, & qu'on les éleve aux Charges & aux Dignitez de l'Etat. Cette difference, qui est entre l'amour qu'on a pour son pere & pour sa mere, & celui que nous avons pour les autres; entre l'amour qu'on a pour les hommes vertueux & habiles, & celui qu'on a pour

les hommes qui n'ont pas tant de vertu
ni d'habileté ; cette difference, dis-je,
eſt comme une harmonie, comme une
ſymmetrie de devoirs que la raiſon du
Ciel a gardée, & à laquelle il ne faut
rien changer.

Confucius propoſe cinq Régles pour
la conduite de la vie, qu'il apelle
Régles univerſelles. La premiere regarde la juſtice qui doit être pratiquée
entre un Roi & ſes Sujets. La ſeconde
regarde l'amour qui doit être entre un
pere & ſes enfans. La troiſiéme recommande la foi conjugale aux maris
& aux femmes. La quatriéme con-
cerne la ſubordination qui ſe doit trouver entre les aînez & les cadets. La
cinquiéme oblige les amis à vivre dans
la concorde, dans une grande union,
& à ſe rendre office réciproquement.
Voilà, ajoûte-t-il, les cinq Régles gé-
nérales que tout le monde doit obſerver : voilà comme cinq chemins
publics, par leſquels les hommes doivent paſſer. Mais aprés tout, on ne
peut obſerver ces Régles, ſi l'on n'a
ces trois vertus ; *la prudence*, qui fait
diſcerner ce qui eſt bon d'avec ce qui

eft mauvais ; *l'amour univerfel* , qui
fait que l'on aime tous les hommes;
cette *fermeté* qüi fait perfévérer
conſtamment dans l'attachemenr au
bien , & dans l'averſion pour le mal.
Mais de peur que quelques perſonnes
timides ou peu eclairées dans la Morale , ne s'imaginaſſent qu'il leur feroit impoſſible d'aquérir ces trois vertus , il aſſure qu'il n'y a perſonne qui
ne les puiſſe aquérir , que l'impuiſ-
fance de l'homme n'eſt que volontaire.
Quelque groſſier que ſoit un homme,
quand même , dit-il , il ſeroit ſans
nulle expérience , ſi pourtant il deſire
d'aprendre , & qu'il ne ſe laſſe point
dans l'étude de la vertu , il n'eſt pas
fort éloigné de la prudence. Si un
homme , quoique tout plein encore
de ſon amour propre , tâche de faire
de bonnes actions , le voilà déja tout
prêt de cet amour univerſel , qui en-
gage à faire du bien à tous les hommes. Enfin ſi un homme ſent une
ſecrette honte , lors qu'il entend parler de choſes ſales & injuſtes ; s'il ne
peut s'empêcher d'en rougir , le voilà
fort prêt de cette fermeté d'ame,

G 4

qui fait rechercher avec conftance le bien , & avoit de l'averfion pour le mal.

Aprés que le Philofophe Chinois a parlé de ces cinq Régles univerfelles, il en propofe neuf particulieres pour les Rois ; parce qu'il regarde leur conduite comme une fource publique de bonheur ou de malheur. Les voici. 1. Un Roi doit travailler fans ceffe à orner fa perfonne de toutes fortes de vertus. 2. Il doit honorer & chérir les hommes fages & vertueux. 3. Il doit refpecter & aimer ceux qui lui ont donné la naiffance. 4. Il doit honorer & eftimer ceux de fes Miniftres qui fe diftinguent par leur habileté, & ceux qui exercent les principales Charges de la Magiftrature. 5. Il doit s'accommoder , autant qu'il eft poffible , aux fentimens & à la volonté des autres Miniftres , & de ceux qui ont des emplois un peu moins confidérables , il les doit regarder comme fes membres. 6. Il doit aimer fon peuple , même le petit peuple , comme fes enfans propres , & prendre part aux divers fujets de joie ou de triftelle qu'il peut avoir. 7 Il doit tâcher de faire venir dans fon Roiaume plufieurs habiles ouvriers en toutes fortes d'Arts, pour l'avantage & la commodité de fes Sujets. 8. Il doit recevoir avec bonté & civilité les Etrangers & les Voiageurs, & les protéger exactement. 9. Enfin il doit aimer tendrement les Princes, & les Grands de fon Empire, & avoir fi fort à cœur leurs intérêts, qu'ils l'aiment & lui foient toûjours fidéles.

Pour bien entendre la Morale de Confucius, il eft néceffaire de dire ici un mot de la diftinction qu'il établit entre le *Saint* & le *Sage*. Il attribuë à l'un & à l'autre en-commun, certaines chofes : mais auffi il donne au *Saint* des avantages & des qualitez qu'il dit que le *Sage* n'a point. Il dit que la raifon & que l'innocence ont été également communiquées au *Sage* & au *Saint*, & même à tous les autres hommes ; mais que le *Saint* ne s'eft jamais détourné tant foit peu de la droite raifon, & qu'il a confervé conftamment fon intégrité : au lieu que le *Sage* ne l'a pas toûjours confervée , n'aiant pas toûjours fuivi la lumiere de la droite raifon , à caufe de divers obftacles qu'il a rencontré dans la pratique de la vertu ; & fur tout à caufe de fes paffions , dont il s'eft rendu l'efclave. De forte qu'il eft neceffaire qu'il faffe de grands efforts , qu'il emploie de grands travaux & de grands foins , pour mettre fon cœur dans un bon état, & fe conduire felon les lumieres de la droite raifon , & les régles de la vertu.

Cufu raifonnant là-deffus , pour faire encore mieux entendre la doctrine de fon Maître , compare ceux qui ont perdu leur premiere intégrité , & qui defirent la recouvrer , à ces arbres tout fecs & prefque morts , qui ne laiffent pas pourtant d'avoir dans le tronc & dans les racines un certain fuc , un certain principe de vie , qui fait qu'ils pouffent des rejettons. Si , dit-il , on a foin de ces arbres , fi on les cultive, fi on les arrofe , fi on en retranche tout ce qui eft inutile , il arrivera que cet arbre reprendra fon premier état. De même, quoique l'on ait perdu fa

premiere intégrité & fon innocence,
l'on n'a qu'à exciter ce qui refte de
bon, qu'à prendre de la peine, qu'à
travailler, & infailliblement l'on par-
viendra à la plus haute vertu. Ce dernier état, dit *Cufu*, cet état du *Sage*
s'apelle *Gintao* ; c'eft à dire, *le chemin
& la raifon de l'homme :* ou bien, le
chemin qui conduit à l'origine de la
premiere perfection. Et l'état du *Saint,*
s'apelle *Tientao*, c'eft à dire, *la raifon
du Ciel*, ou la premiere régle que le
Ciel a donnée également à tous les
hommes, & que les *Saints* ont toûjours
obfervée, fans s'en détourner, ni à droit
ni à gauche.

Comme les Régles contiennent en
abregé les principaux devoirs, & qu'on
peut les retenir aifément, Confucius
en donne cinq à ceux qui veulent choifir le bien, & s'y attacher. 1. Il faut
tâcher de connoître d'une maniere
exacte & étenduë les caufes, les pro-
prietez & les differences de toutes
chofes. 2. Parce que parmi les chofes
que l'on connoit, il y en peut avoir
que l'on ne connoit pas parfaitement,
il les faut examiner avec foin, les

confidérer en détail & dans toutes leurs circonftances , & enfin confulter les hommes fages, intelligens & experimentez. 3. Quoi qu'il femble que nous concevions clairement certaines chofes , néanmoins parce qu'il eft aifé de pecher par précipitation , dans le trop , ou dans le trop peu , il eft neceffaire de méditer enfuite en particulier , fur les chofes que l'on croit connoître , & de pefer chaque chofe au poids de la raifon , avec toute l'attention d'efprit dont on eft capable, avec la derniere exactitude.   4. Il faut tâcher de ne concevoir pas les chofes d'une maniere confufe , il faut en avoir des idées claires , en forte que l'on puiffe difcerner fûrement le bien d'avec le mal , le vrai d'avec le faux. 5. Enfin aprés qu'on aura obfervé toutes ces chofes , il en faut venir à l'action, agir fincerement & conftamment , & executer de toutes fes forces les bonnes réfolutions que l'on aura prifes.

Nous ne faurions mieux finir ce Livre , que par ces belles paroles de *Cufu*. Prenez garde, dit-il, comment vous agiffez , lors que vous êtes feul.

Quoique vous vous trouviez dans l'endroit le plus reculé & le plus caché de
vôtre maifon , vous ne devez rien
faire dont vous pûffiez avoir honte,
fi vous étiez en compagnie & en public. Voulez-vous, continuë-t-il , que
je vous die de quelle maniere fe conduit celui qui a aquis quelque perfection. Il a une attention continuelle
fur lui-même ; il n'entreprend rien , il
ne commence rien , il ne prononce aucune parole , qu'il n'ait auparavant
médité. Avant qu'il s'éleve aucun mouvement dans fon cœur , il s'obferve
avec foin , il refléchit fur tout , il examine tout, il eft dans une continuelle
vigilance. Avant que de parler , il eft
convaincu que ce qu'il va dire eft vrai &
raifonnable ; & il croit qu'il ne fçauroit
retirer un plus doux fruit de fa vigilance & de fon examen , que de s'accoû-
tumer à fe conduire avec circonfpection
& avec retenuë dans les chofes mêmes
qui ne font vûës ni fçûës de perfonne.

LIVRE TROISIEME.

L E troisiéme Livre de Confucius est de tout autre caractére que les deux précedens , pour le tour & les expressions ; mais dans le fond il contient la même Morale. C'est un tissu de plusieurs sentences prononcées en divers tems & en divers lieux , par Confucius lui-même & par ses Disciples. Aussi est-il intitulé *Lún yù* ; c'est à dire, *Entretien de plusieurs personnes qui raisonnent & qui philosophent ensemble.*

On y voit d'abord un Disciple de ce célébre Philosophe, qui déclare qu'il ne se passe point de jour qu'il ne se rende conte lui-même de ces trois choses. 1. S'il n'a point entrepris quelque affaire pour autrui , & s'il l'a conduite & poursuivie avec la même fidélité & avec la même ardeur, que si ç'eût été son affaire propre. 2. Si lors qu'il a été avec ses amis , il leur a parlé avec sincerité; s'il ne s'est point contenté de leur faire paroître quelque vaine aparence de bienveillance &

d'eftime. 3. S'il n'a point médité la doctrine de fon Maitre , & fi aprés l'avoir méditée, il n'a pas fait, pour la mettre en pratique, tous les efforts dont il eft capable.

Confucius y paroit enfuite , donnant des leçons à fes Difciples. Il leur dit, que le Sage doit être fi occupé de fa vertu, que lors même qu'il eft dans fa maifon , il n'y doit pas chercher fes commoditez & fes délices ; que quand il entreprend quelque affaire, il doit être diligent & exact, prudent & avifé dans fes paroles ; & que quoiqu'il ait toutes ces qualitez, il doit être pourtant celui à qui il doit fe fier le moins , celui à qui il doit le moins plaire : qu'en un mot, le Sage fe défiant toûjours de foi-même , doit confulter toujours ceux dont la vertu & la fageffe lui font connuës, & régler fa conduite & fes actions fur leurs confeils & fur leurs exemples.

Que penfez-vous d'un homme pauvre , lui dit un de fes Difciples, qui pouvant foulager fa pauvreté par la flaterie, refufe de prendre ce parti, & foûtient hardiment qu'il n'y a que

les lâches qui flatent ? Que penfez-
vous d'un homme riche , qui tout
riche qu'il eft , eft fans orgueil ? Je dis,
repond Confucius , qu'ils font tous
deux dignes de loüange , mais qu'il ne
faut pas pourtant les regarder comme
s'ils étoient parvenus au plus haut
degré de la vertu. Celui qui eft pauvre , doit être joieux & content au
milieu de fon indigence : Voilà en
quoi confifte la vertu du pauvre : &
celui qui eft riche , doit faire du bien
à tout le monde. Celui , continuë-t-il,
qui a le cœur bas & mal fait , ne fait
du bien qu'à certaines perfonnes ; certaines paffions , certaines amitiez particulieres le font agir , fon amitié eft
intéreffée : il ne feme fes biens que
dans la vûë d'en recueillir plus qu'il
n'en feme ; il ne cherche que fon propre interêt : Mais l'amour de l'homme
parfait eft un amour univerfel , un
amour qui a pour objet tous les hommes. Un foldat du Roiaume de *Ci*,
lui difoit-on un jour , perdit fon bouclier , & l'aiant cherché long-tems
inutilement, il fe confola enfin , par
cette réflexion, de la perte qu'il avoit
faite.

faite. *Un soldat a perdu son bouclier, mais un soldat de nôtre Camp l'aura trouvé, il s'en servira.* Il auroit bien mieux parlé, dit alors Confucius, s'il eût dit, *un homme a perdu son bouclier, mais un homme le trouvera ;* voulant donner à entendre qu'il faloit avoir de l'affection pour tous les hommes du monde.

Confucius avoit l'ame tendre, comme on en peut juger par ce que nous venons de dire, mais il l'avoit grande & élevée. Les anciens Chinois enseignoient qu'il y avoit deux Génies dans leurs maisons ; l'un apellé *Ngao,* & l'autre *Cao.* Le premier étoit regardé comme le Dieu tutelaire de toute la famille, & le dernier n'étoit que le Dieu du Foyer. Cependant, quoique le dernier de ces Génies fût fort inférieur au premier, on lui rendoit de plus grands honneurs qu'à celui qui avoit sous sa protection toutes les affaires domestiques : & il y avoit même un Proverbe qui disoit, *qu'il valoit mieux rechercher la protection de Cao, que celle de Ngao.* Comme cette préférence avoit quelque chose de fort

fingulier , & qu'elle fembloit même
choquer en quelque maniere ceux qui
étoient élevez aux grandeurs, dans les
Cours des Princes ; Confucius étant
dans le Roiaume de *Guéi*, & fe ren-
contrant un jour avec un Préfet , qui
avoit une grande autorité dans ce
Roiaume , ce Miniftre enflé de l'éclat
de fa fortune , aiant crû que le Philofophe avoit deffein d'obtenir quelque
favaur du Roi , lui demanda , par maniere de raillerie , ce que fignifioit ce
Proverbe , qui étoit dans la bouche de
tout le peuple : *Il vaut mieux recher-*
cher la protection de Cao , que celle de
Ngao. Confucius qui vid bien d'abord
que le Préfet lui vouloit faire comprendre par cette queftion, qu'il devoit s'adreffer à lui , s'il vouloit obtenir ce qu'il defiroit du Roi fon Maître , & qui en même tems fit cette réflexion , que pour gagner les bonnes
graces du favori d'un Prince , il faut
encenfer jufqu'à fes défauts , & s'abaif-
fer à des complaifances indignes d'un
Philofophe , lui dit , fans détour , qu'il
étoit entierement éloigné des maximes
du fiécle ; qu'il ne s'adrefferoit point

à lui, de quelque adreſſe qu'il ſe fût
ſervi, pour lui faire connoître qu'il le
devoit faire : & pour l'avertir en même
rems, que quand il répondroit à ſa
queſtion de la maniere qu'il le pourroit ſouhaiter, il n'en pourroit tirer
aucun avantage, il lui dit, *que celui
qui avoit peché contre le Ciel, ne s'a-
dreſſoit qu'au Ciel :* Car, ajoûta-t-il,
*à qui ſe pourroit-il adreſſer pour obte-
nir le pardon de ſon crime, puis qu'il
n'y a aucune Divinité qui ſoit au deſſus
du Ciel ?*

Confucius ne recommande rien tant
à ſes Diſciples, que la douceur & la
debonnaireté, fondé toûjours ſur cette
Maxime, que l'on doit aimer tous les
hommes. Et pour leur faire mieux
ſentir la verité de ce qu'il leur dit, il
leur parle de deux illuſtres Princes,
qui s'étoient fait diſtinguer par cet
endroit-là dans le Roiaume de *Cucho.*
Ces Princes, leur dit-il, étoient ſi
doux & ſi debonnaires, qu'ils oublioient, ſans ſe faire effort, les injures les plus atroces, & les crimes
pour leſquels ils avoient le plus d'horreur, lorſque ceux qui les avoient

commis , donnoient quelque marque
de repentance. Ils regardoient ces criminels , tout dignes des derniers fuplices qu'ils étoient , de la même maniere que s'ils euſſent été toûjours innocens : Ils n'oublioient pas feulement
leurs fautes , mais par leur procedé,
ils faifoient que ceux qui les avoient
commifes , pouvoient les oublier eux-
mêmes en quelque façon , & perdre
une partie de la honte qui demeure
aprés les grandes chûtes , & qui ne peut
que décourager dans le chemin de la
vertu.

Comme l'un des grands deſſeins de
ce Philofophe étoit de former les
Princes à la vertu , & de leur enſeigner l'art de régner heureuſement , il
ne faifoit pas difficulté de s'adreſſer
directement à eux , & de leur donner
des avis. Un Prince, difoit-il un jour
à un Roi de *Lu*, apellé *Timcum* , un
Prince doit être modéré , il ne doit
méprifer aucun de fes Sujets , il doit
récompenfer ceux qui le méritent: Il
y a des Sujets qu'il doit traiter avec
douceur , & d'autres avec févérité : il
y en a fur la fidélité defquels il fe doit

repofer ; mais il y en a auffi dont il ne fçauroit affez fé défier.

Confucius veut mêmè que les Princes ne fouhaitent rien de ce que les autres hommes fouhaitent, quoique ce foient quelquefois des biens qu'il femble qu'ils pourroient defirer fans crime. Il veut qu'ils foulent aux piés, pour ainfi dire, tout ce qui peut faire la félicité des mortels fur la terre ; & que fur tout ils regardent les richeffes, les enfans, & la vie même, comme des avantages qui ne font que paffer, & qui par conféquent ne peuvent pas faire la félicité d'un Prince. L Empereur *Yao*, dit ce Philofophe, s'étoit conduit par ces Maximes, & fous la conduite d'un fi bon guide, il étoit parvenu à une perfection où peu de mortels peuvent atteindre : Car on peut dire qu'il ne voioit au deffus de lui que le Ciel, auquel il s'étoit entierement confoimé. Ce Prince incomparable, ajoûta-t-il, vifitoit de tems en tems les Provinces de fon Empire ; & comme il étoit les délices de fon peuple, un jour aiant été rencontié par une troupe de fes Sujets, ces Sujets aprés l'avoir apellé leur Empereur & leur pere, & avoir fait éclater toute leur joie, à la vûe d'un si grand Prince, s'écrierent à haûte voix, pour joindre des vœux à leurs acclamations : *Que le Ciel te comble de richesses ! qu'il t'accorde une famille nombreuse ! & qu'il ne te ravisse à ton peuple, que tu ne sois rassasié de jours !* Non, répondit l'Empereur, poussez d'autres vœux vers le Ciel. *Les grandes richesses produisent les grands soins & les grandes inquietudes : le grand nombre d'enfans produit les grandes craintes : & une longue vie n'est ordinairement qu'une longue suite de maux.* Qu'il se trouve peu d'Empereurs qui soient semblables à *Yao*, s'écrie aprés cela Confucius.

Ce qui fait ordinairement de la peine aux Rois, ce qui redouble en quelque maniere le poids du fardeau qui est attaché à leur Couronne, c'est ou le peu de Sujets sur lesquels ils régnent, ou le peu de richesses qu'ils possedent : car enfin tous les Rois ne sont pas de grands Rois, tous les Rois n'ont pas de vastes Roiaumes, & des

richeſſes exceſſives. Mais Confucius
croit qu'un Roi eſt trop ingénieux à
ſe tourmenter, lors que ces réflexions
ſont capables de lui cauſer la moindre
triſteſſe. Il dit qu'un Roi a aſſez de
Sujets, lorſque ſes Sujets ſont contens;
& que ſon Roiaume eſt aſſez ·riche,
lorſque la concorde & la paix y régnent. *La paix & la concorde*, dit
ce Philoſophe, *ſont les meres de l'abondance.*

Enfin Confucius enſeigne, en parlant toûjours des devoirs des Princes,
qu'il eſt ſi néceſſaire qu'un Prince ſoit
vertueux, que lors qu'il ne l'eſt point,
un Sujet eſt obligé par les Loix du Ciel,
de s'exiler volontairement, & d'aller
chercher une autre Patrie.

Il ſe plaint quelquefois des deſordres des Princes; mais le grand ſujet
de ſes plaintes eſt les deſordres des
particuliers. Il ſoûpire des mœurs de
ſon ſiécle; il dit qu'il ne voit preſque
perſonne qui ſe diſtingue, ou par la
uertu, ou par quelque qualité extraordinaire, que tout eſt corrompu, que
tout eſt gâté, & que c'eſt principalement parmi les Magiſtrats & les Cour-

tifans que la vertu eſt négligée. Il eſt vrai que Confucius ſemble quelquefois outrer les choſes. En effet, c'étoit peu pour ce Philoſophe, lors qu'il ne ſe trouvoit dans la Cour d'un Prince, que dix ou douze perſonnes d'une ſa-geſſe éclatante. Il crioit, *ô tems*, *ô mœurs !* il gémiſſoit. Sous le Régne de *Vuvam*, il y avoit dix hommes d'une vertu & d'une ſuffiſance conſom-mée, ſur leſquels cet Empereur ſe pouvoit repoſer de toutes les affaires de l'Empire : cependant Confucius ſe récrioit ſur un ſi petit nombre, en di-ſant que les grands dons, la vertu & les qualitez de l'eſprit, étoient des choſes fort rares dans ſon ſiécle. Il avoit fait les mêmes plaintes à l'égard de l'Empereur *Zun*, le premier de la famille de *Cheu*, quoique ce Prince eut alors cinq Préfets, du mérite deſ-quels l'on peut juger par l'hiſtoire de l'un de ces Miniſtres, qui étoit apellé *Yu*.

Ce ſage Miniſtre a rendu ſa mémoire immortelle parmi les Chinois, non ſeulement parce que ce fut lui qui trouva le ſecret d'arrêter ou de détourner

ner les eaux qui inondoient tout le
Toiaume, & qui le rendoient presque
inhabitable, mais parce qu'étant de-
enu Empereur, il vécut toûjours en
Philosophe. Il étoit d'une famille illustre ; car il pouvoit conter des Empereurs parmi ses Ayeux. Mais si par
la décadence de sa maison, il étoit
déchû des prétentions qu'il pouvoit
avoir sur l'Empire, sa sagesse & sa vertu lui aquirent ce que la fortune avoit
refusé à la noblesse de son extraction.
L'Empereur *Zun* avoit si bien reconnu
son mérite, qu'il l'associa à l'Empire :
& dix-sept ans après il le déclara son
légitime Successeur, à l'exclusion de
son propre fils. *Yu* refusa cet honneur ;
mais comme il s'en défendoit en vain,
& que la générosité souffroit, dans les
pressantes sollicitations qui lui étoient
faites de toutes parts, il se déroba aux
yeux de la Cour, & alla chercher une
retraite dans une caverne : mais n'aiant
pû se cacher si bien, qu'il ne fût enfin
découvert dans les rochers de sa soli-
tude, il fut élevé, malgré lui, sur le
trône de ses Ancêtres. Jamais Trône
n'a été plus accessible que celui de ce

Prince , jamais Prince n'a été plus affable. On dit qu'il quitta un jour
jufqu'à dix fois fon repas , pour voir
les Requêtes qu'on lui prefentoit , ou
écouter les plaintes des miferables ; &
qu'il quittoit même ordinairement fon
bain , lors qu'on lui demandoit au-
dience. Il régna dix ans avec tant de
bonheur , avec tant de tranquillité , &
dans une fi grande abondance de toutes chofes , qu'on peut dire certainement de ce fiécle , que c'étoit un fiécle
d'or. *Yu* avoit cent ans lors qu'il
mourut ; & il mourut , comme il avoit
vécu : car préférant les intérêts de l'Empire aux intérêts de fa famille , il ne
voulut pas que fon fils lui fuccedât ; il
donna la Couronne à un de fes Sujets,
dont la vertu lui étoit connuë. Un
Prince eft heureux , fans doute , lors
qu'il peut quelquefois fe décharger des
foins qui l'accablent , fur un tel Miniftre : & *Zun* ne pouvoit que l'être,
puis qu'il en avoit cinq tout à la fois
tous dignes d'être affis fur le Trône:
mais ce nombre n'étoit pas affez grand
pour Confucius , c'eft ce qui le faifoit
foûpirer.

Confucius dit qu'un Prince ne doit jamais accepter la Couronne au préjudice de son pere, quelque indigne que son pere en soit ; que c'est un des plus grands crimes dont un Prince puisse être capable : & cela lui donne occasion de faire deux petites histoires qui sont admirablement à son sujet.

Limcum, dit ce Philosophe, étoit un Roi de Guéi qui se maria en secondes nôces. Comme la chasteté n'est pas toûjours le partage des Princesses, la Reine eut des commerces illégitimes avec un des Grands de sa Cour : & cela ne s'étant pas fait avec si peu d'éclat, qu'un des fils du premier lit de *Limcum* n'en eut connoissance. Ce jeune Prince, jaloux de l'honneur de son pere, en eut tant de ressentiment, qu'il fit dessein de tuer la Reine ; il ne cacha pas même son dessein. L'adroite & criminelle Princesse, qui se vit découverte, & qui avoit beaucoup d'ascendant sur l'esprit de son vieux Epoux, allégua des raisons si plausibles, pour faire croire qu'elle étoit innocente, que ce pauvre Prince, loin d'ouvrir les yeux à la verité, exila

fon fils. Mais comme les enfans ne
font pas coupables des crimes des peres,
il retint *Ché* auprés de lui : c'étoit le
fils du Prince difgracié. *Limcum* mourut quelque tems aprés. Le peuple
rappella le Prince que les defordres de
la Reine avoient fait bannir : & il alloit
recevoir la Couronne , mais fon lâche
fils s'y opofa, alléguant que fon pere
étoit un parricide : il leva des armées
contre lui , & fe fit proclamer Roi par
le peuple.

Les fils d'un Roi de *Cucho* , continuë-t-il , n'en uferent pas de cette maniere : voici un exemple mémorable.
Ce Roi , dont nous ferons en deux
mots l'hiftoire , eut trois fils : & comme les peres ont quelquefois plus de
tendreffe pour les plus jeunes de leurs
enfans, que pour les autres , celui-ci
en eut tant pour le dernier que le Ciel
lui avoit donné , que quelques jours
avant que de mourir , il le nomma
pour fon Succeffeur , à l'exclufion de
fes autres freres. Ce procédé étoit
d'autant plus extraordinaire , qu'il
étoit contraire aux Loix du Roiaume.
Le peuple crut, aprés la mort du Roi,

qu'il pouvoit entreprendre fans crime,
d'élever fur le Trône l'aîné de la famille Roiale. Cela s'exécuta comme
le peuple l'avoit projetté. Il n'y eut
que le nouveau Roi, qui fe reffouve-
nant des dernieres paroles de fon pere,
n'y voulut jamais donner les mains.
Ce généreux Prince prit la Couronne
qu'on lui prefentoit, là mit fur la tête
de fon jeune frere, & déclara haute-
ment qu'il y renonçoit, & que même
il s'en croioit indigne, puis qu'il en
avoit été exclus par la volonté de fon
pere ; & que fon pere ne pouvoit
plus rétracter ce qu'il avoit dit. Le
frere touché d'une action fi héroïque,
le conjura dans le moment, de ne s'o-
pofer pas à l'inclination de tout un
peuple qui defiroit qu'il régnât fur lui.
Il lui allégua que c'étoit lui feul qui
étoit le légitime Succeffeur de la Couronne qu'il méprifoit ; que leur pere
ne pouvoit pas violer les Loix de l'Etat ;
que ce Prince s'étoit laiffé furprendre
à une trop grande tendreffe, & qu'en
un mot, c'étoit en quelque maniere,
aux peuples à redreffer les loix de leurs
Rois, lors qu'elles n'étoient pas équi-

tables. Mais rien ne fut capable de
lui perſuader qu'il pouvoit s'opoſer
aux volontez de ſon pere. Il y eut
entre ces deux Princes une loüable
conteſtation ; aucun ne voulut prendre
la Couronne : & comme ils virent bien
l'un & l'autre que cette conteſtation
dureroit long-tems , ils ſe retirerent
de la Cour ; & vaincus & victorieux
tout enſemble , ils allerent finir leurs
jours dans le repos d'une ſolitude , &
laiſſerent le Roiaume à leur frere. Ces
Princes, ajoûta-t-il, cherchoient la vertu , mais ils ne la chercherent pas en
vain, ils la trouverent.

Il fait de tems en tems de petites
hiſtoires de cette nature , où l'on voit
éclater par tout une généroſité héroïque. On y voit les femmes du peuple,
& même de grandes Princeſſes, qui
aiment mieux ſe laiſſer mourir , ou
ſe donner la mort de leurs propres
mains , que d'être expoſées aux vio-
lences de leurs raviſſeurs. On y voit
des Magiſtrats ſe démettre des plus
grands emplois , pour fuïr les deſordres de la Cour ; des Philoſophes cen-
ſurer les Rois ſur leur Trône, & des

Princes qui ne font pas difficulté de vouloir mourir , pour apaiſer la colere ʼ. Ciel , & procurer la paix à leurs ſ ʼuples.

Aprés cela Confucius enſeigne de quelle maniere on doit enſevelir les morts : & comme cela ſe faiſoit de ſon tems avec beaucoup de magnificence; il blâme dans les pompes funébres, tout ce qui ſent tant ſoit peu l'oſtentation., & le blâme même d'une maniere aſſez aigre. En effet , un de ſes ſciples étant mort , & ce Diſciple aiant été enſeveli avec la magnificence ordinaire , il s'écria dés qu'il le ſçut. *Lors que mon Diſciple vivoit , il me regardoit comme ſon pere , & je le regardois comme mon fils : mais aujourd'hui le puis-je regarder comme mon fils , il a été enſeveli comme les autres hommes ?*

Il défend de pleurer les morts avec excés ; & ſi, forcé par ſa propre douleur , il a verſé des larmes pour ce même Diſciple , il avoüe qu'il s'eſt oublié: qu'à la verité les grandes douleurs n'ont point de bornes , mais que le Sage ne doit point être ſurmonté par la douleur ; que c'eſt une foibleſſe en lui, que c'eſt un crime.

Il donne de grandes loüanges à quelques-uns de ſes Diſciples , qui, au milieu de la plus grande pauvreté, étoient contens de leur deſtinée , & contoient pour de grandes richeſſes les vertus naturelles qu'ils. avoient reçuës du Ciel.

Il déclame contre l'orgueil , contre l'amour propre , contre l'indiſcretion, contre la ridicule vanité de ceux qui affectent de vouloir être maîtres par tout ; contre ces hommes remplis d'eux-mêmes , qui prônent à tous momens leurs actions ; contre les grands parleurs : & faiſant enſuite le portrait du Sage , par opoſition à ce qu'il vient de dire , il dit que l'humi- lité , la modeſtie , la retenuë & l'amour du prochain, ſont des vertus qu'il ne ſçauroit négliger un moment, ſans ſor- tir de ſon caractére.

Il dit qu'un homme de bien ne s'af- flige jamais, & qu'il ne craint rien ; qu'il mépriſe les injures , qu'il n'ajoûte ja- mais foi à la médiſance , qu'il n'écoute pas même les raports.

Il foûtient que les fuplices font trop fréquens ; que fi les Magiftrats étoient gens de bien , les méchans conformeroient leur vie à la leur ; & que fi les Princes n'élevoient aux Dignitez que des perfonnes diftinguées par leur probité & par une vie exemplaire , tout le monde s'attacheroit à la vertu ; parce que les grandeurs étant des biens que tous les hommes defirent naturellement , chacun voulant les poffeder , chacun tâcheroit de s'en rendre digne.

Il veut qu'on fuie la pareffe ; qu'on foit compofé , qu'on ne précipite point fes réponfes ; & que fe mettant au deffus de tout, on ne fe faffe jamais une peine, ou de ce que l'on eft méprifé , ou de ce que l'on n'eft point connu dans le monde.

Il compare les hipocrites à ces fceleats, qui pour mieux cacher leurs deffeins aux yeux des hommes , paroiffent fages & modeftes pendant le jour , & qui à la faveur de la nuit volent les maifons , & exercent les plus infames brigandages.

Il dit que ceux qui font leur Dieu de leur ventre , ne font jamais rien

qui ſoit digne de l'homme : que ce
ſont plutôt des brutes que des créatures
raiſonnables : & revenant à la conduite
des Grands, il remarqua fort bien que
leurs crimes ſont toûjours plus grands
que les crimes des autres hommes.
Zam, le dernier Empereur de la famille
de *Cheu,* dit Confucius à cette occaſion,
avoit eu une conduite fort irréguliere.
Mais quelque irréguliere que fût ſa
conduite, les deſordres de cet Empereur n'étoient pourtant que les deſordres de ſon ſiécle. Cependant, dés
qu'on parle de quelque action lâche,
de quelque action criminelle & infame,
on dit que c'eſt le crime de *Zam.* En
voici la raiſon : *Zam étoit méchant, &
Empereur.*

Confucius dit une infinité d'autres
choſes de cette nature, qui regardent
la conduite de toutes ſortes d'hommes :
mais comme la plûpart des choſes qu'il
dit, ou que ſes Diſciples diſent, ſont
des ſentences & des maximes, ainſi que
nous l'avons déja fait ſentir, en voici
quelques-unes des plus conſidérables.

MAXIMES.

I.

TRavaille à imiter les Sages , &
ne te rébute jamais , quelque
penible que foit ce travail : fi tu
peux venir à tes fins , le plaifir que tu
goûteras te dédommagera de toutes tes
peines.

II.

Lors que tu travaille pour les autres , travaille avec la même ardeur que
fi tu travaillois pour toi-même.

III.

La vertu qui n'eft point foûtenuë par
la gravité , n'acquiert point d'autorité
parmi les hommes.

IV.

Souviens-toi toûjours que tu es
homme, que la nature humaine eft
fragile, & que tu peux aifément fuccomber, & tu ne fuccomberas jamais:
Mais fi venant à oublier ce que tu es,
il t'arrive de fuccomber, ne perds pas
courage pourtant : fouviens-toi que tu
te peux relever ; qu'il ne tient qu'à toi

de rompre les liens qui t'attachent au
crime, & de surmonter les obstacles qui
t'empêchent de marcher dans le chemin
de la vertu.

V.

Prens garde si ce que tu promets est
juste : car aprés que l'on a promis
quelque chose, il n'est point permis
de se rétracter : on doit toûjours tenir
sa promesse.

V I.

Lors que tu fais hommage à quelqu'un, fais que tes soûmissions soient
proportionnées à l'hommage que tu
lui dois : il y a de la grossiereté & de
l'orgueil à n'en faire pas assez : mais il
y a de la bassesse à en faire trop, il y a
de l'hypocrisie.

V I I.

Ne mange pas pour le plaisir que
tu peux trouver à manger. Mange
pour réparer tes forces ; mange pour
conserver la vie que tu as reçuë du
Ciel.

V I I I.

Travaille à purifier tes pensées : si tes
pensées ne sont point mauvaises, tes
actions ne le seront point.

IX.

Le Sage goûte une infinité de plai-
firs ; car la vertu a fes douceurs au
milieu des duretez qui l'environnent.

X.

Celuî qui dans fes études , fe donne
tout entier au travail & à l'éxercice, &
qui néglige la méditation , perd fon
tems ; mais auffi celui qui s'aplique
tout entier à la méditation & qui néglige le travail & l'éxercice , ne peut
que s'égarer & fe perdre. Le premier
ne fçauîa jamais rien d'éxaᓫ , fes lu-
mieies feront toûjours mêlées & de ténébres & de doutes ; & le dernier ne
pourfuivra que des ombres ; fa fcience
ne fera jamais fûre, elle ne fera jamais
folide. Travaille , mais ne néglige
pas la méditation. Médite , mais ne
néglige pas le travail.

XI.

Un Prince doit punir le crime, de
peur qu'il ne femble le foutenir : mais
cependant il doit contenir fon peuple
dans le devoir , plutôt par des effets
de clemence , que par des menaces &
des fupplices.

XII.

Ne manque jamais de fidelité à ton Prince : Ne lui cache rien de ce qu'il est de son interêt de sçavoir ; & r trouve rien de difficile , lorsqu'il s'agira de lui obéïr.

XIII.

Lorsqu'on ne peut apporter à un mal aucun remede , il est inutil d'en chercher. Si par tes avis & tes remontrances tu pouvois faire que ce qui est déja fait ne le fut point, ton silence seroit criminel* : mais il n'y a rien de plus froid qu'un conseil dont il est impossible de profiter.

XIV.

La pauvreté & les miseres humaines sont des maux en soi , mais il n'y a que les méchans qui les ressentent. C'est un fardeau sous lequel ils gémissent , & qui les fait enfin succomber : ils se degoûtent même de la fortune la plus riante. Il n'y a que le Sage qui soit toûjours content : la vertu rend son ame tranquille ; rien ne le trouble , rien ne l'inquiéte , parce qu'il ne pratique pas la vertu pour en être recompensé. La pratique de la vertu est la seule récompenfe qu'il efpére.

XV.

Il n'y a que l'homme de bien qui puiffe fûrement faire choix, qui puiffe ou aimer ou haïr avec raifon & comme il faut.

XVI.

Celui qui s'applique à la vertu, & qui s'y applique fortement, ne commet jamais rien d'indigne de l'homme, ni de contraire à la droite raifon.

XVII.

Les richeffes & les honneurs font des biens, le defir de les poffeder eft naturel à tous les hommes : mais fi ces biens ne s'accordent pas avec la vertu, le Sage les doit méprifer & y renoncer généreufement. Au contraire, la pauvreté & l'ignominie font des maux : l'homme les fuit naturellement. Si ces maux attaquent le Sage, il lui eft permis de s'en délivrer, mais il ne lui eft jamais permis de s'en délivrer par un crime.

XVIII.

Je n'ai jamais vû encore d'homme qui fe felicitât de fa vertu, ou qui fut affligé de fes deffauts ou de fes

foibleſſes ; mais je n'en ſuis pas ſur-
pris, parce que je voudrois, que celui qui prend plaiſir à la vertu, trouvât en la vertu tant de charmes, qu'il
mépriſaſt pour elle tout ce que le monde a de plus doux : & au contraire que
celui qui a de l'horreur pour le vice,
trouvât le vice hideux, qu'il n'y eût
rien qu'il ne mit en œuvre pour ſe dé-
fendre d'y tomber.

XIX.

Il n'eſt pas croiable que celui qui
feroit tout les efforts dont il eſt capable, pour acquerir la vertu, ne l'ac-
quît enfin, quand même il ne travail-
leroit qu'un ſeul jour. Je n'ai jamais
vû d'homme qui n'eût pour cela des
forces ſuffiſantes.

XX.

Celui qui le matin a écouté la voix
de la vertu, peut mourir le ſoir. Cét
homme ne ſe repentira point d'avoir
vécu, & la mort ne lui fera aucune
peine.

XXI.

Celui qui cherche le faſte dans ſes
habits, & qui n'aime point la frugalité, n'eſt pas encore diſpoſé pour l'é-
tude

tude de la sagesse ; tu ne dois pas même t'en entretenir avec lui.

XXII.

Ne t'afflige point de ce que tu n'es
pas élevé aux grandeurs & aux Dignitez publiques : gemis plutôt de ce que
peut-être tu n'es pas orné des vertus
qui te pourroient rendre digne d'y
être élevé.

XXIII.

L'homme de bien n'est occupé que
de sa vertu : le méchant ne l'est que
de ses richesses. Le premier pense continuellement au bien & à l'interêt de
l'Etat : mais le dernier a d'autres sou-
cis , il ne pense qu'à ce qui le tou-
che.

XXIV.

Ne fais à autrui que ce que tu veux
qui te soit fait : tu n'as besoin que de
cette seule Loi ; elle est le fondement
& le principe de toutes les autres.

XXV.

Le Sage n'a pas plutôt jetté les yeux
sur un homme de bien , qu'il tâche
d'imiter ses vertus : mais ce même
Sage n'a pas plutôt tourné sa vûë sur
un homme abandonné à ses crimes ,

K

que ce défiant de foi-même , il fe demande , comme en tremblant , s'il n'eft pas femblable à cet homme.

XXVI.

Un enfant eft obligé de feruir fon pére & de lui obéïr. Les péres & les méres ont leurs deffauts : un enfant eft obligé de les leurs faire connoitre , mais il le doit faire avec douceur & avec prudence : & fi quelques précautions qu'il prenne il trouve toûjours de la réfiftance , il doit s'arrêter pour quelques momens , mais il ne doit pas fe rebuter. Les confeils donnez à un pére ou à une mére , attirent fouvent fur le fils des duretez & des châtimens : mais un fils doit fouffrir dans cette occafion , il ne doit pas même murmurer.

XXVII.

Le Sage ne fe hâte jamais , ni en fes études , ni en fes paroles ; il eft même quelque fois comme muet. Mais lorfqu'il eft queftion d'agir & de pratiquer la vertu , il précipite tout, pour ainfi dire.

XXVIII.

Le véritable Sage parle peu , il eft

même peu éloquent. Je ne voi pas auffi que l'Eloquence lui puiffe être d'un fort grand ufage.

XXIX.

Il faut une longue expérience pour connoître le cœur de l'homme. Je m'imaginois, lors que j'étois jeune, que tous les hommes étoient fincéres, qu'ils mettoient en pratique tout ce qu'ils difoient : en un mot, que leur bouche étoit toûjours d'accord avec leur cœur. Mais maintenant que je regarde les chofes d'un autre œil, je fuis convaincu que je me trompois. Aujourd'hui j'écoute ce que les hommes difent, mais je ne m'en tiens jamais à ce qu'ils difent, je veux fçavoir fi leurs paroles font conformes à leurs actions.

XXX.

Il y eut autrefois dans le Roiaume de *Ci* un Préfet qui tua fon Roi. Un autre Préfet du même Roiaume, regardant avec horreur le crime de ce Parricide, quitta fa Dignité, abandonna fes biens, & fe retira dans un autre Roiaume. Ce fage Miniftre ne fut pas affez heureux pour trouver d'a-

bord ce qu'il cherchoit ; il ne trouva
dans ce nouveau Roiaume que des Miniftres iniques , & peu attachez aux intérêts de leur Maitre. Ce ne fera pas
le lieu de mon féjour, fe prit-il à dire,
je chercherai ailleurs une retraite: mais
aiant rencontré toûjours des hommes
femblables à ce perfide Miniftre , qui
l'avoit forcé par fon crime à abandonner fa patrie , fa Dignité & tous fes
biens , il courut par toute la terre.
Si tu me demandes ce que je croi d'un
tel homme , je ne puis refufer de te
dire qu'il mérite de grandes loüanges,
& qu'il avoit une vertu diftinguée ;
c'eft le jugement que tout homme raifonnable en doit faire : Mais comme
nous ne fommes pas les fcrutateurs
des cœurs , & que c'eft proprement
dans le cœur que la véritable vertu
réfide, je ne fçai fi fa vertu étoit une
véritable vertu ; on ne doit pas toûjours juger des hommes par les actions
extérieures.

X X X I.

, Je connois un homme qui paffe
pour fincére dans l'efprit du peuple,
à qui l'on demanda l'un de ces jours

quelque chofe qu'il n'avoit pas. Tu t'imagines, peut-être, qu'il avoüa ingenûment, qu'il étoit dans l'impuiffance de donner ce qu'on lui demandoit. Il l'eût dû faire, fi fa fincérité eût répondu au bruit qu'elle fait parmi le peuple : mais voici de quelle maniere il s'y prit. Il fut adroitement chez un voifin, il lui emprunta ce qu'on lui demandoit à lui-même, & il le donna enfuite. Je ne fçaurois jamais me convaincre que cet homme puiffe être fincére.

XXXII.

Ne refufe point ce qui t'eft donné par ton Prince, quelques richeffes que tu poffedes. Donne ton fuperflu aux pauvres.

XXXIII.

Les défauts des peres ne doivent pas être imputez aux enfans. Parce qu'un pere fe fera rendu indigne par fes crimes d'être élevé aux Dignitez, on n'en doit pas exclure le fils, s'il ne s'en rend pas lui-même indigne. Parce qu'un fils fera d'une naiffance obfcure, fa naiffance ne doit pas faire fon crime, il doit être apellé aux grands emplois auſſi bien que les fils de Grands, s'il a les qualitez néceſſaires. Nos peres ne ſacrifioient autrefois que des victimes d'une certaine couleur; & l'on choiſiſſoit ces couleurs ſelon le gré de ceux qui étoient aſſis ſur le Trône. Sous le Régne d'un de nos Empereurs, la couleur rouſſe etoit en vogue. Crois-tu que les Divinitez auſquelles nos peres ſacrifioient ſous le régne de cet Empereur, euſſent rejetté un Taureau de couleur rouſſe, parce qu'il ſeroit ſorti d'une Vache qui n'auroit pas été de la même couleur.

XXXIV.

Préfere la pauvreté & l'exil, aux Charges de l'Etat les plus éminentes, lors que c'eſt un homme méchant qui te les offre, & qu'il te veut contraindre de les accepter.

XXXV.

Le chemin qui conduit à la vertu eſt long, mais il ne tient qu'à toi d'achever cette longue carriére. N'allégue point pour t'excuſer, que tu n'as pas aſſez de forces; que les difficultez te découragent, & que tu ſeras obligé enfin de t'arrêter au milieu de ta courſe. Tu n'en ſçais rien, commence à courir : c'eſt une marque que tu n'as pas encore commencé, tu ne tiendrois pas ce langage.

XXXVI.

Ce n'eſt pas aſſez de connoître la vertu, il la faut aimer : mais ce n'eſt pas encore aſſez de l'aimer, il la faut poſſeder.

XXXVII.

Celui qui perſécute un homme de bien, fait la guerre au Ciel : le Ciel a créé la vertu, & il la protége : celui qui la perſécute, perſécute le Ciel.

XXXVIII.

Un Magiſtrat doit honorer ſon pere & ſa mere, il ne doit jamais ſe relâcher dans ce juſte devoir ; ſon exemple doit inſtruire le peuple. Il ne doit mépriſer ni les vieillards ni les gens de merite, le peuple pourroit l'imiter.

XXXIX.

Un enfant doit être dans une perpétuelle apréhenſion de faire quelque choſe qui déplaiſe à ſon pere ; cette crainte le doit occuper toûjours. En un mot, il doit agir dans tout ce qu'il fait avec tant de précaution, qu'il ne fasse jamais rien qui l'offense ou qui le puisse affliger tant soit peu.

XL.

La grandeur d'ame, la force & la persévérance doivent être le partage du Sage. Le fardeau dont il s'est chargé est pesant, sa carriere est longue.

XLI.

Le Sage ne fait jamais rien sans conseil : il consulte même quelquefois, dans les affaires les plus importantes, les hommes les moins intelligens, les hommes qui ont le moins d'esprit & le moins d'expérience. Lors que les conseils sont bons, on ne doit pas regarder d'où ils viennent.

XLII.

Evite la vanité & l'orgueil. Quand tu aurois toute la prudence & toute l'habileté des Anciens, si tu n'as pas l'humilité, tu n'as rien, tu es même l'homme du monde qui mérite le plus d'être méprisé.

XLIII.

prens ce que tu fçais déja, comme
ſi tu ne l'avois jamais apris : on ne ſçait
jamais ſi bien les choſes, qu'on ne puiſſe
bien les oublier.

XLIV.

Ne fais rien qui ſoit malſéant, quand
même tu aurois aſſez d'adreſſe pour
faire aprouver ce que tu fais : tu peux
bien tromper les yeux des hommes,
mais tu ne ſçaurois tromper le Ciel, il
a les yeux trop clairvoyans.

XLV.

Ne te lie jamais d'amitié avec un
homme qui ne ſera pas plus homme de
bien que toi.

XLVI.

Le Sage a honte de ſes défauts, mais
il n'a pas honte de s'en corriger.

XLVII.

Celui qui vit ſans envie & ſans con-
voitiſe, peut aſpirer à tout.

XLVIII.

Veux tu aprendre à bien mourir,
aprens auparavant à bien vivre.

XLIX.

Un Miniſtre d'Etat ne doit jamais
ſervir ſon Prince dans ſes injuſtices &

L

dans fes defordres : il doit plutôt renoncer à fon Miniftére, que de le flé-
tiir par des act·ons lâches & crimi-
nelles.

L.

L'Innocence n'eft plus une vertu, la
plûpart des Grands en font déchûs.
Mais fi tu demande ce qu'il faudroit
faire pour recouvrer cette vertu, je ré-
pons qu'il ne faudroit que fe vaincre
foi-même. Si tous les mortels rem-
portoient fur eux, dans un même jour,
cette heureufe victoire, tout l'Univers,
dés ce même jour reprendroit une
nouvelle forme , nous ferions tous
parfaits , nous ferions tous innocens.
La victoire eft difficile , il eft vrai,
mais elle n'eft pas impoffible : car enfin fe vaincre foi-même, n'eft que faire
ce qui eft conforme à la raifon. Détourne tes yeux , ferme tes oreilles,
mets un frein à ta langue , & fois
plutôt dans une éternelle inaction,
que d'occuper tes yeux à voir des
fpectacles où la raifon fe trouve cho-
quéc; que d'y donner ton attention,
que d'en difcourir. Voilà de quelle

maniere tu pourras vaincre ; la victoire ne dépend que de toi.

L I.

Ne souhaite point la mort de ton ennemi , tu la souhaiterois en vain ; sa vie est entre les mains du Ciel.

L I I.

Il est facile d'obéïr au Sage , il ne commande rien d'impossible : mais il est difficile de le divertir : souvent ce qui réjoüit les autres , le fait soûpirer , & arrache de ses yeux des torrens de larmes.

L I I I.

Reconnois les bienfaits par d'autres bienfaits , mais ne te vange jamais des injures.

L I V.

En quelque endroit du monde que tu sois obligé de passer ta vie , aie commerce avec les plus sages, ne fréquente que les gens de bien.

L V.

Pecher & ne se repentir point, c'est proprement pecher.

L V I.

Il est bon de jeûner quelquefois, pour vaquer à la méditation & à l'étude de la vertu. Le Sage eft occupé d'autres foins que des foins continuels de fa nouriture. La terre la mieux cultivée trompe l'efperance du Laboureur, loifque les faifons font déreglées : toutes les régles de l'Agriculture ne le ſçauroient garantir de la mort , dans le tems d'une dure famine : mais la vertu n'eſt jamais fans fruit.

LVII.

· Le Sage doit apprendre à connoitre le cœur de l'homme , afin que prenant chaque homme par fon propre penchant , il ne travaille pas en vain , lorfqu'il lui parlera de la vertu. Tous les hommes ne doivent pas être inſtruits de la même maniere. Il ·y a diverſes toutes qui conduifent à la vertu , le Sage ne les doit pas ignorer.

LVIII.

L'homme de bien péche quelquefois , la foibleffe lui eſt naturelle : mais il doit ſi bien veiller fur foi , qu'il ne tombe jamais deux fois dans le même crime.

LIX.

Combas nuit & jour contre tes vices; & ſi par tes foins & ta vigilance , tu remporte sur toi la victoire , attaque hardiment les vices des autres , mais ne les attaque pas avant cela : Il n'y a rien de plus ridicule que de trouver à redire aux deffauts des autres , lors qu'on a les mêmes deffauts.

LX.

Nous avons trois amis qui nous sont utiles , un ami sincére , un ami, qui écoute tout , qui éxamine tout ce qu'on lui dit , & qui parle peu ; mais. nous en, avons aussi trois dont l'amitié est pernicieuse , un ami hypocrite, un ami flateur , & un ami qui parle beaucoup.

LXl.

Celui qui s'applique à la vertu a trois ennemis à combattre, qu'il doit tâcher de surmonter ; l'incontinence , lorsqu'il est encore dans la vigueur de son âge , & que le sang lui boût dans les veines ; les contestations & les disputes , lorsqu'il est parvenu à un âge meur ; & l'avarice, lorsqu'il est vieux.

LXII.

Il y a trois choses que le Sage doit reverer, les Loix du Ciel , les grands

Hommes, & les paroles des gens de bien.

LXIII.

On peut avoir de l'averfion pour fon ennemi, fans pourtant avoir le defir de fe vanger : les mouvemens de la nature ne font pas toûjours criminels.

LXIV.

Défie-toi d'un homme flateur, d'un homme qui eft affecté dans fes difcours, & qui fe pique par tout d'éloquence : ce n'eft pas le caractére de la véritable vertu.

LXV.

Le filence eft abfolument néceffaire au Sage. Les grands difcours, les difcours étudiez, les traits d'éloquence doivent être un langage inconnu pour lui, fes actions doivent être fon langage. Pour moi je ne voudrois jamais plus parler. Le Ciel parle, mais de quel langage fe fert-il pour prêcher aux hommes qu'il y a un fouverain principe d'où dépendent toutes chofes ; un fouverain principe qui les fait agir & mouvoir ? Son mouvement eft fon langage, il ramene les faifons en leur tems , il émeut toute la nature , il la fait produire : que ce filence eft éloquent !

LXVI.

Le Sage doit haïr plufieurs fortes d'hommes. Il doit haïr ceux qui divulguent les défauts des autres , & qui fe font un plaifir d'en parler. Il doit haïr ceux qui n'étant ornez que de qualitez fort médiocres , & qui d'ailleurs n'aiant aucune naiffance , médifent & murmurent témérairement contre ceux qui font élevez aux Dignitez de l'Etat. Il doit haïr un homme vaillant , lors que fa bravoure n'eft accompagnée ni de civilité , ni de prudence. Il doit haïr ces fortes d'hommes qui toûjours remplis de leur amour propre, qui toûjours entêtez de leur mérite , & idolatres de leurs fentimens , attaquent tout , trouvent à redire à tout, & ne confultent jamais la raifon. Il doit haïr ceux qui n'aiant que tres peu de lumieres , fe mêlent pourtant de cenfurer ce que font les autres. Il doit haïr les hommes fuperbes. Enfin il doit haïr ceux qui fe font une habitude d'aller déterrer les défauts des autres pour les publier.

LXVII.

Il est bien difficile de se ménager avec le petit peuple. Ces sortes d'hommes deviennent familiers & insolens, lors qu'on a trop de commerce avec eux : & comme ils s'imaginent qu'on les méprise , lors qu'on les néglige tant soit peu , on s'attire leur aversion.

LXVIII.

Celui qui est parvenu à la quarantiéme année de son âge, & qui, jusques à ce tems-là a été l'esclave de quelque habitude criminelle , n'est guére en état de la surmonter. Je tiens sa maladie incurable, il persévérera jusqu'à la mort dans son crime.

LXIX.

Ne t'afflige point de la mort d'un frere. La mort & la vie sont en la puissance du Ciel , auquel le Sage est obligé de se soûmettre. D'ailleurs, tous les hommes de la terre sont tes freres : pourquoi pleurerois tu pour un seul , dans le tems qu'il t'en reste tant d'autres.

LXX.

LXX.

La lumiere naturelle n'eſt qu'une perpétuelle conformité de nôtre ame avec les loix du Ciel. Les hommes ne peuvent jamais perdre cette lumiere. Il eſt vrai que comme le cœur de l'homme eſt inconſtant & muable, elle eſt couverte quelquefois de tant de nuages, qu'elle ſemble entierement éteinte. Le Sage l'éprouve lui-même : car il peut tomber dans de petites erreurs, & commettre des fautes legeres. Cependant le Sage ne ſçauroit être vertueux, tandis qu'il eſt dans cet état-là, il y auroit de la contradiction à le dire.

LXXI.

Il eſt bien difficile, lors qu'on eſt pauvre, de ne haïr point la pauvreté : mais on peut être riche, ſans être ſuperbe.

LXXII.

Les hommes des premiers ſiécles ne s'apliquoient aux Lettres & aux Sciences, que pour eux-mêmes, c'eſt à dire, pour devenir vertueux : c'étoit là toute la loüange qu'ils attendoient de leurs travaux & de leurs veilles. Mais les

M

hommes d'aujourd'hui ne cherchent que l'encens, ils n'étudient que par vanité, & pour paſſer pour ſçavans dans l'eſprit des hommes.

LXXIII.

Le Sage cherche la cauſe de ſes défauts en ſoi-même : mais le fou ſe fuiant ſoi-même, la cherche par tout ailleurs que chez ſoi.

LXXIV.

Le Sage doit avoir une gravité ſévére, mais il ne doit pas être farouche & intraitable. Il doit aimer la ſocieté, mais il doit fuir les grandes aſſemblées.

LXXV.

L'amour ou la haine des peuples ne doit pas être la régle de ton amour ou de ta haine : examine s'ils ont raiſon.

LXXVI.

Lie-toi d'amitié avec un homme qui ait le cœur droit, & qui ſoit ſincere; avec un homme qui aime à aprendre, & qui te puiſſe aprendre à ſon tour quelque choſe. Les autres hommes ſont indignes de ton amitié.

LXXVII.

Celui qui a fes éfauts, & qui ne travaille point à s'en défaire, doit au moins faire tous fes efforts pour les cacher. Les défauts du Sage font comme les Eclipfes du Soleil, ils viennent à la connoiffance de tout le monde. Le Sage dans cette occafion, doit tâcher de fe couvrir d'un nuage. Je dis la même chofe des Princes.

LXXVIII.

Abandonne fans balancer ta Patrie, lors que la vertu y eft oprimée, & que le vice y a le deffus. Mais fi tu n'as pas fait deffein de renoncer aux maximes du fiécle, dans ta retraite & dans ton exil, demeure dans ta miferable Patrie; à quel deffein en fortirois-tu?

LXXIX.

Lors qu'il s'agit du falut de ta Patrie, ne confulte pas, expofe ta vie.

LXXX.

Le Ciel n'abrége pas la vie de

l'homme, c'eſt l'homme qui abrége ſa vie par ſes crimes. Tu peux éviter les calamitez qui viennent du Ciel, mais tu ne ſçaurois éviter celles que tu t'attires par tes crimes.

F I N.

www.ingramcontent.com/pod-product-compliance
Lightning Source LLC
Chambersburg PA
CBHW050004100426
42739CB00011B/2498